LES

MONT-DE-PIÉTÉ

PAR

ERNEST CAPENDU.

3

PARIS

ALEXANDRE CADOT, ÉDITEUR

37, RUE SERPENTE, 37.

LES MYSTÈRES

DU MONT-DE-PIÉTÉ.

OUVRAGES D'ERNEST CAPENDU.

Imprimerie de E. Dépée, à Sceaux.

LES MYSTÈRES

DU

MONT-DE-PIÉTÉ

PAR

 ERNEST CAPENDU.

3

PARIS

ALEXANDRE CADOT, ÉDITEUR

37, RUE SERPENTE, 37.

1861

LES

MYSTÈRES DU MONT-DE-PIÉTÉ.

———

Première partie.

———

LE PLUS BEAU JOUR DE LA VIE.

III.

XXV

Les habits et les gants.

A minuit et demi le bal était dans toute
son animation, et les salons de Chapard res-
plendissaient de tumulte et de poussière.

A part quelques gens graves et la partie
impotente des invités, — tout le monde sau-

tait, polkait, redowait, dansait et gigotait avec une verve soutenue, prouvant fermement en faveur de la solidité des solives qui soutenaient le plancher.

Les malheureux musiciens, — pauvres diables condamnés par la nécessité à une série de nuits de travaux forcés, — les musiciens suaient sang et eau.

On ne leur laissait pas une seule minute de répit.

Personne ne se montre infatigable et insatiable de plaisirs comme les gens qui n'en prennent que rarement.

On dirait que l'organisation physique dépense en quelques heures tout le besoin de sensations, plus ou moins agréables, qu'elle comporte.

Lorsque, le lendemain d'une fête, on ne peut plus se tenir sur ses jambes, — lorsque la courbature brise les membres, — lorsque l'estomac souffre, — lorsque la machine animale est absolument détraquée, — on ne regrette pas sa journée de la veille.

— Je suis brisé, — moulu, — je n'en puis plus, — s'écrie-t-on, — j'en serai malade pendant quinze jours !... Dieu ! que je me suis amusé !

C'est là l'expression du *nec plus ultrà* du contentement et de la satisfaction.

Dans une certaine classe fort nombreuse,

— puisqu'elle forme la majorité de la société,
— *s'amuser* et *se fatiguer* sont absolument synonimes.

Un ***beau souvenir*** est celui qui date d'une fête où l'on a attrapé une pleurésie.

Ceci est une question de goût, et nous ne discuterons pas.

Les femmes surtout sont véritablement curieuses à étudier dans ces circonstances, — car leur insatiabilité est réellement sans limites.

Une femme délicate, — dans un jour de plaisirs, — fatiguerait facilement trois hommes de la plus robuste constitution.

Faut-il en conclure que les femmes soient nées exclusivement pour le plaisir?... — C'est bien possible, et nous l'admettons volontiers.

Il est certain, — au reste, — que mesdames Cuissard, — Pingoin, — Guilloché, — et autres partageaient entièrement cette opinion.

Aussi dansaient-elles, — s'amusaient-elles, — se trémoussaient-elles avec une agilité presque fabuleuse.

Les hommes non plus ne faisaient pas fi des plaisirs de la danse.

Tous les cafés étant fermés à cette heure, — ces messieurs s'étaient résignés à s'amuser avec *les femmes*, et ils prenaient leur mal en patience, — ayant grand soin, — chacun, — de ne jamais s'occuper de sa compagne légitime, — et de faire l'aimable auprès du bien d'autrui.

Parmi les cavaliers, — la redingote dominait avec un parfait ensemble, et le pantalon de fantaisie se permettait même de nombreuses et pittoresques apparitions.

Quelques habits, — *loués* pour la circonstance, — se pavanaient çà et là sur le torse des *lions* de la société.

Quand nous disons des *habits loués*, nous ne voulons que constater une vérité.

L'habit, — on le sait, — est le vêtement

toujours profondément antipathique à l'homme qui ne s'habille jamais.

Cela se comprend, — il est difficile à porter.

Rien ne donne plus facilement l'air gauche qu'un habit endossé une fois par hasard, — surtout, — et cela n'est que trop fréquent, — quand il est mal fait.

Pour porter convenablement l'habit, il faut que l'homme soit bien fait, — grand, — élancé, — élégant, — dégagé, — qu'il ait l'habitude de la toilette et la démarche libre et gracieuse.

L'homme qui a droit véritablement au titre, — si difficile à décerner de nos jours,

— d'*homme du monde*, — sait à peu près
seul porter l'habit.

La grande majorité rejette donc ce vêtement trop élégant, — et le rejette avec raison, — bien que l'on dise, — pour motif de
son antipathie :

— Bah ! c'est très-laid un habit !

(Le renard de la fable disait, lui : *ils sont
trop verts*.)

Mais si le commun des martyrs se refuse
à endosser le vêtement, — dernier vestige de
l'élégance française, — dans certaines circonstances, cependant, certains hommes,
— pour faire de l'effet, — ont recours à cet
habit si injustement dénigré.

Mais un habit coûte cher, — mais l'amour-propre ne veut pas écorner la bourse.

D'intelligents industriels ont compris que dans ce désir d'élégance à bas prix il y avait une spéculation à tenter, et tout aussitôt on a inventé les établissements dans lesquels on loue un habit, — tant par heure, — exactement comme un fiacre.

Le vêtement, — s'il n'est pas fait pour toutes les tailles, — va sur tous les dos, — ou à peu près.

Il fait bien quelques grimaces... mais bah ! c'est un habit, tout est dit !

Donc, — trois ou quatre habits, — qui, déjà avaient dansé bien probablement nom-

bre de fois chez Chapard, — trois ou quatre
habits faisaient voltiger leurs basques en ca-
dences à la plus grande gloire de ceux qui
les portaient.

Lorsque la première contredanse avait ap-
pelé les danseurs, — le gant était générale-
ment porté, — nous le reconnaissons, —
mais le coton dominait avantageusement.

La plupart de ces messieurs faisaient partie, ou avaient fait partie jadis de la garde
nationale, et le gant de coton blanc étant
d'uniforme, on avait, — pour ce jour-là, —
fouillé les poches des vieilles tuniques et on
avait bravement arboré, — pour la noce, —
le coton avec lequel on avait autrefois servi
la patrie.

Quelques gants de peau se montraient çà et là, et attiraient d'autant plus l'œil que les mains qu'ils revêtaient avaient l'air d'être prises dans un étau.

Les doigts étaient écartés, — les mains raidies, et on eût dit qu'elles eussent perdu l'usage des phalanges.

A la première contredanse et à la première polka tout s'était cependant bien passé.

A la seconde contredanse, — quelques gants de peau de la main droite avaient craqué et laissé une solution de continuité entre le pouce et l'index.

A la troisième, les gants de coton de la main gauche avaient disparu.

A la quatrième, les deux mains étaient nues, et les gants, au lieu d'être *sur la main*, étaient *dedans*. Quelques chevreaux tenaient ferme encore, cependant, — mais il était facile de conjecturer, — aux efforts désespérés qu'ils faisaient pour lutter, — qu'ils ne tarderaient pas à être vaincus.

A la cinquième polka, — tous les gants étaient dans toutes les poches, et on battait la mesure en battant des mains.

A la sixième, — la ceinture des corsages des danseuses commençait à prendre cette teinte équivoque, — qui n'est pas encore le noir foncé, — qui n'est plus le blanc, cependant, — mais qui offre un délicat effet de pénombre poussiéreuse, et qui décèle l'ardeur toute aimable avec laquelle le danseur a pressé tendrement la taille de sa danseuse.

A la septième, cette tendresse, — toujours croissante, — laissait des stigmates indélébiles, et l'on pouvait commencer à compter, sur le corsage de la robe, le nombre de contredanses et de polkas dansées.

A la huitième et aux suivantes, — on ne comptait plus : une teinte noirâtre et uniforme ceignait la taille des danseuses et ne permettait plus de constater le progrès.

Les cavaliers, — même ceux qui avaient des habits, — commençaient à émettre le

désir de continuer la fête en *manches de chemise.*

Mais la présence de M. Raymond et de ses
amis retenait les plus entreprenants.

Cependant Cuissard, — Pingoin, — Guilloché et quelques autres avaient retroussé
jusqu'au coude les parements de leurs re-
dingotes.

M. Raymond et ses amis s'étaient mon-
trés, — depuis leur arrivée, — d'une ama-
bilité au-dessus de tout éloge.

Ils avaient bien refusé avec acharnement
tous les verres d'eau rougie que l'on avait
passé successivement entre chaque danse, et
repoussé les infusions de farine décorées du

titre pompeux de sirop d'orgeat ; — mais si on les trouvait trop sobres, — ils étaient déclarés charmants à l'unanimité, — par les femmes.

Depuis son entrée, Raymond s'était contenté de saluer une seule fois Adolphine sans lui avoir adressé un mot.

Julien David, — son beau-frère, — semblait trouver un grand charme dans la société de mademoiselle Pigrillard et dans celle de madame Guilloché, car, — faisant danser alternativement ces deux dames, — il avait paru délaisser absolument le reste de la société féminine.

Trois autres amis, — amenés par M. Raymond, — voltigeaient de danseuses en dan-

seuses, et faisaient l'envie et l'admiration
de toutes celles qu'ils laissaient sur leur banquette.

Bientôt, — grâce aux évolutions redou-
blées de la danse, — les estomacs, chez lesquels la digestion s'était opérée avec une rapidité merveilleuse, commencèrent à crier
famine.

Le dîner était loin, hélas ! et les verres
d'eau rougie et d'orgeat, — que l'on présentait comme consolation, — loin de faire
prendre patience à l'organe en souffrance,
— agissaient sur lui d'une façon toute apé-
ritive.

Pingoin, — Cuissard, —Guilloché avaient
fait déjà quelques campagnes dans les en-

virons de madame Marescot pour s'enquérir de l'instant du ravitaillement.

Mais, — soit, — qu'avec son intelligence ordinaire, — la mère du marié eût flairé le coup qui allait être porté à son amour de l'économie, — soit que, — réellement, — elle ne crût même pas à la supposition possible d'un souper après un aussi bon dîner, — elle avait toujours été entourée, — au moment de l'attaque, — de triples lignes de circonvallation rendant difficile l'abord de la place.

M. Buchené, — toujours en védette, — et poussé en avant comme un corps avancé destiné à protéger l'assiégée, — M. Buchené avait seul essuyé le feu de l'ennemi.

— Eh ! Buchené ! — avait dit Pingoin, — soupe-t-on ici ?

— Dame !... — avait répondu le père de la mariée, — c'est selon.

— Comment ! c'est selon ?

— Selon quoi ? — ajouta Cuissard.

— Selon, — ceux qui ont faim.

— Mais nous avons tous faim !

— Eh bien ! il faut manger.

— C'est ce que nous disons.

Et tous trois avaient repris en chœur :

— Quand soupe-t-on ?

Forcé dans sa position, — Buchené avait cru alors devoir se replier vers le corps principal et avait rallié madame Marescot!

— Hum! — chère madame Marescot! — avait-il fait en se rapprochant de la mère d'Anténor.

Buchené connaissait et le caractère irascible de la chère dame et son antipathie marquée pour tout ce qui était dépense inutile.

(Or, madame Marescot entendait par *dépenses inutiles*, toutes celles qui ne la concernaient pas directement dans leurs avantages.)

— Hum! hum! — avait recommencé Buchené pour attirer l'attention de sa partner.

Le bosquet avait fait un mouvement et tourné l'ouverture de son gouffre dans la direction de Buchené.

— Quoi? — avait fait madame Marescot.

— Mais... chère amie...

— Qu'est-ce que c'est?

— Oh! presque rien!

— Quoi encore? Est-ce que votre fille se trouve encore mal?

La vanité maternelle de madame Marescot gardait rancune aux évanouissements successifs de la jolie mariée.

— Non ! non ! — répondit vivement Buchené ! — Il ne s'agit pas de ma fille...

— De qui alors...

— Mais... je...

— De vous ?

— Pas davantage !

— Pour Dieu ! accouchez donc, monsieur
Buchené ! Vous me faites griller à petit feu
avec votre manière embarrassée de dire les
choses...

— Mais... chère madame...

— Voyons ! qu'est-ce qu'il y a ?...

—Il y a que... enfin... ce sont ces messieurs...

— Votre propriétaire et ses amis?

— Non !... non !... les autres...

— Ah ! — les autres ! — fit madame Marescot avec dédain, — eh bien ! — qu'est-
ce qu'ils ont ?

— Ils ont faim !

— Eux ?

— Oui !

— Cependant ils ont assez dîné ! — Dix
francs par tête, sans le champagne ! — Trois

cent quatre-vingt-dix francs y compris les enfants ! — et ils ont faim ?

— Oui !

— Mais ce sont des ogres !...

— Toujours est-il qu'ils ont faim...

— Eh bien ! qu'ils mangent !

— C'est ce qu'ils désirent.

— Je ne les en empêche pas !

— Alors vous voulez bien les faire sou-per ?

Madame Marescot bondit sur sa banquette avec une violence telle que son bosquet en frémit de la base au sommet.

— Souper ! — s'écria-t-elle, — souper ici !... à mes frais !

— Aux nôtres ! — fit observer doucement Buchené.

— Allons ! ils sont fous, et vous aussi !

— Mais...

— Souper ! — grommela la vieille dame. — Pourquoi pas nous dépouiller tout de suite de tout ce que nous possédons ! Ah ! voilà une noce dont je me souviendrai long-temps ! Tout compris elle coûtera au moins huit cents francs ?...

Huit cents francs ! — répéta-t-elle en le-vant les bras au ciel. — C'est une somme,

savez-vous ! Ça ne se trouve point sous le
pas d'un cheval !

— Mon Dieu ! — dit Buchené voulant calmer son irascible partie adverse, — je le
sais bien, c'est une grosse dépense... mais on
ne marie pas tous les jours son fils !

— Heureusement ! sans cela on n'y tien-
drait pas ! Huit cents francs !... et ils demandent encore à souper, — quand, — depuis
ce matin, — on les a roulés, voiturés, pro-
menés, nourris, bourrés pour rien !...

— Mais oui !... je sais tout cela... je suis
de votre avis... Cependant je n'eusse pas été
fâché, — quitte à dépenser un peu plus, —
mais enfin, — à cause de mon propriétaire
qui n'a pas assisté au dîner...

— M. Raymond ! — dit madame Marescot en paraissant se raviser tout à coup.

— Oui.

— Est-ce qu'il a faim !

— Il ne m'a rien dit, lui !

— Il est si comme il faut! un homme
riche!!!

— Mais je pense qu'il est comme les autres.

— Dites donc, — Buchené, — quand le
bail de la maison que vous cédez à Anténor
expire-t-il?

— Dans dix-huit mois.

— Et c'est M. Raymond qui doit le renouveler ?

— Oui.

— Il n'y a pas de promesse ?

— Non !

Madame Marescot étouffa un soupir.

— C'est bon ! — dit-elle, — je vais voir
cela !

Et se levant vivement elle quitta le salon.

Buchéné, assez étonné de ce dénoûment
inattendu, — revint vers ses amis.

Ceux-ci attendaient toujours, ayant suivi.

de l'œil la pantomime animée des deux dis-
puteurs.

— On soupera ! — disait Pingoin.

— On ne soupera pas ! — chantait Cuissard.

— La vieille folle est dure à la détente !

— Si on faisait un *pique-nique !* — avait
proposé Cuissard, — lequel, — sans être
précisément généreux, — dépensait volontiers alors qu'il s'agissait de s'amuser.

— Tiens ! pourquoi donc? — avait répondu Pingoin. — Est-ce que c'est à nous
à jeter l'argent par la fenêtre, aujourd'hui ?
Puisqu'ils nous ont invités, — c'est à eux à
payer ! — Je ne sors pas de là, moi ! — Et

si on ne soupe pas, — je mange un morceau
en bas, et je le fais mettre sur leur carte !

En ce moment Buchené rejoignait les trois
affamés.

— Eh bien ? — lui demanda-t-on.

— Je crois que l'on va souper ! — répondit le père de la mariée.

— Pas possible ?

— La maman Marescot consent ?

— Elle est allée faire un tour aux cuisines !

XXVI

Le souper.

A l'exception des trois principaux inté-
ressés, — qui en avaient suivi les péripéties avec une attention extrême, — personne n'avait remarqué le petit conciliabule
dans lequel Buchené et madame Marescot
avaient traité du souper afin de savoir s'il
devait être ou n'être pas.

Raymond, — à l'aide d'une manœuvre adroite, — s'était rapproché peu à peu de la jolie mariée.

Celle-ci, sans l'éviter, — avait fait **un** geste de crainte et de répugnance.

Raymond avait souri.

En ce moment, — les musiciens, — obéissant aux instances réitérées des garçons d'honneur, — faisaient entendre les préludes d'un quadrille.

Tous les cavaliers se précipitèrent vers leurs danseuses.

La mariée, — seule, — demeura sur sa banquette.

— La mariée? — à qui le tour? — glapit Jules Actéon, le garçon d'honneur. — Qui est-ce qui doit faire danser la mariée cette fois-ci ?

— C'est son père! — répondit une voix.

— Buchené! en place! — cria-t-on.

Mais Buchené n'était plus dans le salon.

Préoccupé par les soins du souper et ne voyant pas revenir madame Marescot assez vite au gré de ses désirs, — il venait de courir à sa recherche.

— Buchené! Buchené! — répéta-t-on.

— Il n'y est pas! — cria Jules.

La mariée n'a pas de danseur !

Raymond était alors tout près d'Adolphine, sur laquelle tous les regards étaient concentrés.

— Permettez-moi, — madame, — dit-il en s'inclinant, — de réparer l'oubli de M. votre père, et faites-moi la grâce de m'agréer à sa place !

— Bravo ! — crièrent ceux qui avaient entendu.

Adolphine semblait hésiter.

— En place ! — glapirent les garçons d'honneur.

Raymond saisit de sa main gantée les

doigts de la jeune femme et l'entraîna au milieu d'un quadrille.

Adolphine paraissait très-émue, — mais cependant elle obéit avec une certaine bonne grâce.

La contredanse commença.

Durant la première figure, — Raymond échangea, avec sa danseuse, quelques-unes de ces phrases banales que l'on débite d'ordinaire aux femmes que l'on connaît à peine et que l'on ne tient pas à connaître davantage.

Adolphine visiblement gênée et embarrassée tout d'abord, — se remettait peu à eu.

— Pourquoi, — lui dit Raymond, — cette antipathie profonde que vous me témoignez en toutes circonstances?

— Je ne vous hais pas, — monsieur, — répondit la jeune femme.

— Cependant vous manifestez sans cesse à mon approche un sentiment de répulsion auquel je ne puis me tromper,

— Mon Dieu!... je...,

— Quel mal vous ai-je fait?

Adolphine regarda son danseur sans répondre, — mais ce regard contenait tout un monde de reproches.

— Vous me gardez rancune de ma franchise? — poursuivit Raymond.

— Monsieur ! — dit Adolphine, que cette conversation paraissait vivement contrarier.

— Eh, mon Dieu ! madame ! si vous devez vous en prendre à quelqu'un de ce qui a eu lieu entre nous, c'est vous qu'il faut accuser et non pas moi !

— M'accuser, moi ?

— Sans doute !

— Comment ?

— Si je vous ai aimée, — n'est-ce pas votre faute ?

— Monsieur !

— Pourquoi êtes-vous jolie, adorable, charmante en tous points... — faite enfin pour inspirer la passion la plus entraînante,

— Monsieur !

— Est-ce ma faute, à moi, si vous êtes ainsi et si j'ai subi cet entraînement irrésistible dont je vous parle...

— Mais je....

— Vous aimer ? Est-ce un crime ?

— Je ne vous aime pas, moi, monsieur ! — dit nettement Adolphine.

— Je n'en suis que plus à plaindre !

— Pourquoi me poursuivre de cet amour ?

— Pourquoi me l'avoir inspiré ?

— Je n'ai rien fait pour cela !

— Eh ! je n'ai rien fait non plus pour vous aimer !

— Monsieur ! — dit Adolphine, — je ne puis en entendre davantage, — je suis mariée.

Raymond sourit finement.

— Est-ce bien là un mari ? — fit-il en désignant, d'un regard ironique, le fils de madame Marescot, — lequel tentait en ce moment d'exécuter un cavalier seul et se

montrait aussi gauchement comique que la
chose lui était possible.

Adolphine, — elle-même, — ne put parvenir à arrêter à temps le sourire qui vint
éclore sur ses lèvres.

— Et vous aimeriez cet homme ! — dit
Raymond en haussant les épaules.

Adolphine détourna les yeux.

— Vous, — continua Raymond, — charmante et ravissante ainsi que vous l'êtes,
— vous auriez de l'affection pour un pareil
sot !

— Monsieur ! c'est mon mari !

— Pauvre petite! vous vous êtes sacrifiée vous-même!

— Monsieur!

— Oh! ne cherchez pas à me faire prendre le change, — je sais tout!.

Adolphine porta sur son interlocuteur ses regards effarés.

— Tout! — répéta Raymond.

— Quoi! — s'écria la jeune femme, comme obéissant à un sentiment qui la poussait en dépit de sa propre volonté.— Quoi! vous savez...

— Tout, vous dis-je! — répéta Raymond avec énergie.

Adolphine frissonna.

— Je sais, — reprit Raymond en se pen-
chant vers elle, que vous n'avez jamais aimé
Anténor.

« Je sais que vous avez toujours vu en lui
ce qu'il est réellement : — un sot, — un
idiot, — un homme à peine digne de ce
nom.

« Je sais encore que c'est précisément
cette nullité, qui eut repoussé toute autre,
— qui vous a décidée à lui accorder votre
main...

« Je sais aussi que vous souffrez, — que
vous êtes malheureuse, — enfin que vous
aimez !... »

Adolphine chancela.

— Oui, — reprit Raymond en baissant la voix, vous en aimez un autre.

Adolphine étouffa un cri.

— Et cet autre n'est pas digne de vous !

— Monsieur ! — fit la jeune femme en saisissant la main de son interlocuteur. — Que dites-vous ?

— La vérité !

— La vérité !

— Oui !

— Non !... non!... — vous vous jouez de moi!... D'ailleurs je ne sais ce que vous voulez dire... Je n'aime personne... j'ignore de qui vous voulez parler...

La contredanse finissait.

Raymond passa sous son bras celui de sa compagne qui — tremblante et prête encore à défaillir, — semblait ne se soutenir que par un miracle de volonté.

Il la reconduisit à sa place...

Puis, — s'inclinant devant-elle, — comme pour la saluer :

— Celui que vous aimez, — dit-il d'une voix rauque et brève, —vous l'avez reconnu, — vous-même, — pour indigne de votre amour puisque, pour élever une barrière entre vous et lui, vous avez consenti à ce mariage ridicule...

« Et vous avez bien fait, cependant !

« Mieux vaut être la femme d'un sot que celle d'un misérable !...

« Mieux vaut épouser Anténor Marescot, qui n'est que ridicule, — qu'aimer Lambert d'Arcourt que la justice peut réclamer un jour ou l'autre ! »

Puis, — comme pâle, — défaite, — frémissante, — Adolphine ne pouvait répondre :

— J'ai par devers moi, — continua Raymond, — les preuves de son infamie... Sa liberté, — son honneur sont entre mes mains ! »

Et, — achevant son salut, — il se redressa lentement et s'éloigna d'Adolphine.

Celle-ci était demeurée terrifiée.

— Nous allons souper ! — cria tout à coup une voix joyeuse, dominant le tumulte que faisaient les danseurs ne dansant plus.

— Quoi ! — fit Pingoin, — la mère Marescot consent ?

— Oui !

— Alors nous danserons jusqu'au jour !

— Est-ce malheureux que les cafés soient
tous fermés ! — fit observer Cuissard. —
Sans cela nous aurions été prendre l'ab-
sinthe.

Ces messieurs voyaient effectivement com-
bler leur espoir, — ils allaient souper.

Madame Marescot, — avec son intelligence ordinaire, — avait fait une réflexion
des plus judicieuses et c'était cette réflexion
qui, — jointe au désir de faire une poli-
tesse au propriétaire de son fils dans l'espoir d'un bail futur, — avait déterminé
l'élan avec lequel elle avait bondi hors du
salon.

— Il y avait un beau dîner, — s'était dit
madame Marescot, — il y avait un poisson

énorme, des rôtis abondants, des hors-
d'œuvre, — il est impossible que l'on ait
tout mangé. — Il doit en rester.

« En arrangeant tout cela avec art, — en
rajoutant des radis, — du beurre, et en faisant faire une bonne salade on peut com-
poser un souper...

« D'ailleurs il doit toujours leur rester un
tas de choses dans ces restaurants, et, à
cette heure-ci, ils me céderont tout cela pour
pas cher ! »

Et à la suite de ce petit cours d'économie
domestique que la digne femme s'était fait
à elle-même, — elle était descendue auprès
du chef des préposés au service.

Après forces disputes, — combinaisons,
— propositions tour à tour faites, repoussées, représentées et acceptées avec modifications, le souper avait fini par être arrêté, et les garçons s'étaient élancés pour réédifier un nouveau couvert, à la plus grande joie des musiciens.

Raymond et Julien David s'étaient rapprochés :

— Tu as causé avec elle? — dit Julien.

— Oui, — répondit Raymond.

— Et tu lui as dit?

— Que je savais tout !

— Qu'a-t-elle répondu ?

— Rien, — mais le coup a porté.

— Alors les choses marchent?

— Toujours de mieux en mieux.

— Et le bouquet?

— Il est prêt.

— Pour partir quand ?...

— Après souper !

— Bravo.

Julien se frotta les mains avec un sentiment de satisfaction évidente.

En ce moment Anténor passait, — donnant le bras gauchement à sa femme.

Julien le regarda et sourit.

— Pauvre niais! — murmura-t-il, — s'il savait ce qui l'attend !

Puis ses yeux se reportant sur Adolphine :

— Raymond a raison, — ajouta-t-il. — Elle est charmante. C'est tout à fait ce qu'il nous faut, et, quant à moi, je la préfère à Eulalie.

XXVII

Le couteau sous la gorge.

Au moment où M. Raymond, — reconduisant Adolphine à sa place, — prononçait le nom de Lambert d'Arcourt, en l'accompagnant de l'étrange réflexion que nous connaissons, — son nom à lui, — Raymond, — était également prononcé rue Neuve-des-

Mathurins dans la maison habitée par Charles de Rueil.

Lambert avait repris son récit, — qu'il avait interrompu quelques instants, — afin de dominer le trouble qui s'était emparé de lui.

— Raymond, — dit-il en s'adressant à ses deux interlocuteurs, Charles et Lucien, dont l'attention semblait croître de minute en minute, — Raymond était aussi calme, — aussi impassible, — aussi froidement impénétrable qu'il l'était ordinairement.

Nous étions là, face à face, — lui toujours armé de ses pistolets, — moi, sans aucune arme à ma portée.

Dans la pièce voisine où Julien David avait entraîné sa sœur, régnait un silence profond.

Sans doute, Eulalie était toujours évanouie, et Julien veillait sur elle en veillant en même temps sur nous.

— Récapitulons, — reprit M. Raymond de sa voix vibrante et incisive, — tandis que je demeurais presque anéanti en constatant la profondeur insondable du piége infâme dans lequel j'étais tombé. — Récapitulons !

« Je ne connais rien de convenable et de commode comme une situation nettement et précisément établie.

« Je suis marié et je surprends ma femme, -

— la nuit, — à deux heures, — dans le domicile d'un célibataire, — seule avec ce célibataire, — avec lequel elle a passé déjà la soirée entière.

« Cela constitue bien une *conversation criminelle* au premier chef, ainsi que le disent nos pudibonds voisins d'outre-Manche.

» La loi française est précise : J'ai le droit de vous tuer vous et votre complice.

« Donc, votre existence à tous deux est entre mes mains.

« Sur un ordre de moi, — Julien tuerait Eulalie et je mettrais le crime sur ma conscience, c'est convenu.

« Sa vie, — à elle, — me répond donc de

votre obéissance, en admettant que ces pistolets qui vous menacent ne puissent suffire.

« Dominique est dans l'antichambre, mais
il a pu constater le *flagrant délit* puisque c'est
lui qui m'a prévenu,

« Les deux hommes, — placés par moi
dans l'escalier, — sont là pour nous prêter
main forte et vous arrêter, — si besoin est,
— vous et votre complice.

« Là, tout cela est bien clair, — n'est-ce
pas ? Vous êtes bel et bien entre mes mains
et à ma merci, — vous n'en pouvez douter ! »

Et comme je ne répondais pas :

« Il s'agit, — continua Raymond, — de

racheter votre vie d'abord, — celle d'Eulalie ensuite, — et même votre liberté à tous
deux.

« Cela se peut !

« Traitons et je me ferai coulant sur les
articles du marché !

— Que voulez-vous ? — dis-je.

— Que possédez-vous ? — demanda Raymond.

— Quoi ! — s'écria Charles, — il en était
arrivé à ce révoltant cynisme !

— Oh ! — dit Lambert en froissant ses
mains l'une contre l'autre, — tu ne sais pas
tout encore, — attends !

— Je devine ! — murmura Lucien.

Lambert reprit :

— Que possédez-vous ? — m'avait demandé M. Raymond.

— Vous le savez ! — répondis-je.

— Faites comme si j'ignorais.

— Demandez nettement alors ! — répondis-je en reprenant tout mon calme, car je sentais que je me trouvais en face d'un bandit, et je ne pouvais que gagner à faire bonne contenance.

D'ailleurs, je n'avais plus à craindre une catastrophe sanglante, — je n'avais plus à trembler pour Eulalie.

J'allais être dévalisé, — c'était tout.

La chose devenait vulgaire et ne pouvait plus qu'exciter mon dégoût.

— Qu'aviez-vous en caisse hier soir ? — reprit M. Raymond.

— Quarante-deux mille francs ! — répondis-je.

— C'était tout ?

— Quelques louis encore dans mon porte-monnaie.

— C'est bien ! — Et ces quarante-deux mille francs sont ?

— Dans ce bureau.

— Très-bien !

— Ensuite ?

— Vous avez réalisé aujourd'hui cent mille francs?

— Oui.

— Qui sont?...

—Également dans ce bureau.

— Avec les quarante-deux-mille ?

— Oui.

— Total cent quarante-deux mille francs?

— C'ést cela.

— En billets de banque?

— En billets de banque !

— Parfait ! ce sera moins lourd !

Charles frappa du plat de la main le bras de son fauteuil et se releva, avec un mouvement si brusque, que le siége recula en roulant sur le tapis.

— Ah ! — fit-il, — ce Raymond tourne au *Robert Macaire !*

— Tu ne pouvais faire une plus juste comparaison, — dit Lambert.

— C'est l'effronterie du vice ! — ajouta Lucien.

— Après ? — demanda Charles.

— M. Raymond, — poursuivit d'Arcourt, — déposa l'un de ses pisto lets, — toujours armé, — près de lui, et tendant vers moi la main qu'il avait libre :

— La clef de ce bureau ? — demanda-t-il.

Je la lui donnai.

Il appela Julien.

— Ouvre ce petit meuble, — fit-il en lui tendant la clef que je venais de lui remettre, et en se plaçant, — ses pistolets au poing, — entre moi et la porte de la chambre dans laquelle se trouvait Eulalie.

Julien ouvrit le bureau, — et sur mes indications, — il trouva la liasse de billets de banque qui constituaient ma fortune.

— Cent quarante-deux mille francs ! — dit Raymond d'une voix impassible.

— Ils y sont ! — répondit Julien qui achevait de compter.

— Très-bien.

— Maintenant ?

— Mets-les dans ton portefeuille et donne-moi le papier.

— Lequel ?

— Le numéro 1.

— Ah ! celui-ci ?

Julien s'approcha de Raymond et lui présenta, — tout ouvert, — un papier qu'il venait de prendre dans sa poche.

Raymond jeta sur la feuille manuscrite un rapide regard.

— C'est bien cela, — dit-il, — fais vite !

Julien prit sur mon bureau du papier blanc, — une plume, un encrier, — plaça le tout sur une petite table qu'il apporta devant moi.

Je n'avais pas tenté un mouvement.

Que pouvais-je faire ?

Toute résistance n'était-elle pas vaine ?

J'étais en présence de deux hommes, — armés tous deux, — et j'étais sans aucun moyen d'attaque ni de défense.

Trois autres hommes, — dévoués aux deux misérables qui m'étreignaient, — étaient là, — prêts à leur prêter assistance.

Enfin la vie d'Eulalie dépendait de ma tranquillité et de mon obéissance

J'étais bien certain maintenant que Raymond, — ayant le droit pour lui, — n'aurait pas hésité à tuer la pauvre femme, si j'eusse montré la moindre hésitation à lui obéir.

Au reste, cette scène me soulevait tellement le cœur de dégoût, que je n'avais qu'un seul désir; celui d'accéder le plus prompte-

ment possible aux volontés de ces misérables, — afin de me débarasser d'eux, — de
redevenir libre et de pouvoir agir.

Il me semblait que je serais fort alors, et
que je reprendrais la lutte avec avantage.

Julien plaça donc devant moi la table
toute chargée de ce qui était nécessaire pour
écrire, et, — sur un signe de son beau-
frère, — il repassa dans la pièce voisine
dont il referma la porte.

— Là ! — dit Raymond quand nous fû-
mes seuls. — Vous avez agi très-bien, con-
tinuez ! Il ne s'agit plus maintenant que
d'une petite mesure de précaution.

— Qu'est-ce ? — demandai-je.

— Une misère !

Il froissait le papier manuscrit que lui avait remis Julien.

— Vous comprenez, — reprit-il, — qu'il faut que les choses soient convenablement faites.

« Tout le monde sait que vous aviez chez vous la somme qui est maintenant dans la poche de Julien.

« Or, — si demain, — ceci est une supposition, — il vous plaisait, une fois libre, de faire du bruit et du scandale, vous pourriez peut-être bien m'accuser de ce délit prévu par la loi, et qu'elle nomme gracieusement un *chantage*.

« Je veux parer à cet événement.

« Voici un petit papier que vous allez copier de votre plus belle écriture, et signer de votre plus belle main. »

Et Raymond plaça devant moi le papier qu'il tenait.

— Et qu'était-ce que ce papier, — demanda Charles.

— La formule d'un acte en bonne forme, — fait sous seing-privé, — et par lequel je me reconnaissais débiteur envers Raymond d'une somme de cent soixante mille francs.

La date de cette dette remontait à six mois, et la reconnaissance était formulée en termes me déclarant le très-humble obligé du bandit:

Au *verso* de ce papier était le modèle d'une lettre que je devais encore copier.

Par cette lettre, — datée, elle, du jour même où nous étions alors, — je donnais avis à Raymond du bénéfice que je venais de réaliser à la Bourse, et je le priais de vouloir bien accepter ces cent mille francs, — plus les quarante-deux mille que je possédais encore, — comme à-compte sur la somme due par moi, — laquelle somme j'avais déclarée, — dans le premier acte, — être remboursable la veille.

De cette manière, je demeurais encore l'obligé de M. Raymond, puisque je restais lui devoir dix-huit mille francs.

— Et tu signas cela? — s'écria Charles.

— Que pouvais-je faire dans cette cruelle situation ! — répondit Lambert.

— Cela est vrai.

— Il fallait accepter ! — dit Lucien.

— C'est ce que je fis.

— Alors ?

— Je remis les papiers à Raymond.

— C'est tout? — lui dis-je.

— Oui, — répondit-il.

— Je suis libre ?

— Parfaitement libre !

— Sortez ! — m'écriai-je.

Raymond sourit.

— Oh ! — fit-il, — pour un amoureux,
vous êtes peu galant !

— Comment ?

— Et celle que vous aimez ?

— Ne viens-je pas de racheter sa vie.

— Mais non !

— Quoi ! misérable ! — fis-je avec vio-

lence, car je sentais la fureur prête à m'em-
porter.

— Vous venez de traiter pour vous, mais
non pour elle! — dit le bandit de sa voix
impassible.

— Ainsi...

— Il faut racheter sa vie comme vous
avez racheté la vôtre.

— Et si je refuse?

— Je la tuerai!

— Vous!

— Et devant vous encore! J'ai pour moi
le bon droit et la justice, — j'use de la puis-

sance de ma situation. Ne vous plaignez pas ! c'est vous qui me l'avez faite !

Je me laissai retomber sur mon siége, — poursuivit Lambert, — je me sentais entre des mains qui m'étreignaient et auxquelles je ne pouvais résister !

Raymond appela Julien et lui donna un ordre à voix basse.

Quelques instants après, le beau-frère du bandit reparaissait en tenant entre ses bras le corps toujours inanimé d'Eulalie.

Il le déposa sur un canapé.

Raymond s'approcha de sa femme, ses pistolets armés à la main.

XXVIII

Le rachat.

Raymond, — continua Lambert, — avait remis à Julien David les papiers qu'il venait de me contraindre à écrire.

Debout près du canapé sur lequel était étendue Eulalie, il la menaçait de la double gueule béante de ses pistolets prêts à faire feu.

La jeune femme, le visage pâle, les cheveux dénoués, était cent fois plus belle encore que je ne l'avais jamais vue...

Et la mort, — une mort terrible, foudroyante, — était suspendue au-dessus de sa tête.

Je poussai un cri et voulus m'élancer ; mais Julien m'arrêta en se précipitant au devant de moi, ses armes menaçantes dirigées contre ma poitrine.

— Dépêchons ! — dit Raymond, — il se fait tard, et nous perdons un temps précieux.

— Les papiers numéro 2 ?— lui demanda Julien.

— Oui.

— Les voilà !

— Donnez-les lui !

Et comme Julien s'avançait vers moi, — me tendant de nouvelles feuilles :

— Faites attention à ce que vous allez faire, — s'écria Raymond d'une voix brève, —la vie de cette femme est entre vos mains !

Je saisis les papiers de mes doigts convulsifs, et je les parcourus du regard.

Un effroyable cri d'indignation s'échappa de ma gorge.

— Que je signe cela ! — m'écriai-je.

— Oui ! — dit Raymond.

— Que je me déclare, — moi, — un mal-
honnête homme !

— Signez !

— Jamais.

— Alors...

Raymond abaissa son arme.

— Grâce ! — fis-je en me précipitant.

Julien m'arrêta encore.

— Un pas ! — dit Raymond, — et je la tue !

Je tordais mes mains avec une rage furieuse, — cherchant de l'œil autour de moi une arme que je ne rencontrais pas.

— Que voulait-on donc te faire signer encore? — demanda Charles.

— Une infamie! — répondit Lambert.

— Une infamie?

— Oui.

— Dont tu te reconnais l'auteur?

— Oui.

— L'affaire Le Blanc? — dit Lucien.

— Oui!

— Qu'est-ce que cette affaire? — demanda Charles.

— Un dégoûtant tripotage de spéculations coupables, — dit Lucien. — Une société devenue anonyme, — car ce Le Blanc qui l'avait fondée était mort, — et à la tête de laquelle il fallait un homme de paille afin d'exploiter sans danger de pauvres dupes...

—Ce Raymond, — ajouta Lambert, — était le meneur principal de toute cette intrigue. Il fallait, pour le couvrir, un homme dont le nom fût honorable, afin qu'il inspirât la confiance. — Cet homme, sacrifié d'avance, — devait être le bouc émissaire portant tout le fardeau de l'infamie sans en avoir le bénéfice. Je connaissais une partie de cette affaire, sans savoir cependant que Raymond en fût le moteur principal...

— Bref, — interrompit Lucien, — tu acceptas encore?

— Pouvais-je refuser quand les deux canons de pistolets menaçaient la poitrine d'Eulalie.

— Tu signas? — dit Charles.

— Je signai.

— Et tu fus libre?

— Une heure après, — j'étais seul chez moi; — sans argent, — sans espoir. — Ruiné pour le présent et en face d'un avenir chargé de honte, — car je ne me faisais pas illusion sur les signatures que m'avait extorquées Raymond.

J'avais signé tout ce qu'il fallait pour en-

dosser la responsabilité de ses actes et pour
le laisser libre d'agir à sa guise.

— Et Eulalie? — demanda Charles.

— On l'avait emportée toujours évanouie.

— Était-ce une comédie qu'elle jouait?

Lambert leva les bras au ciel.

— Sur le moment, — dit-il, — je ne le
crus pas une seule minute, sans quoi j'eusse
agi autrement que je l'ai fait, mais depuis,
je l'avoue, — le doute m'a traversé l'esprit.

— Mais, ta conviction à cette heure?

— Je doute encore...

— Quoi ! tu n'as rien su ?

— Rien.

— Tu n'as pu te mettre sur la voie de la vérité.

— Je l'ai souvent tenté.

— Eh bien ?

— Je n'ai jamais réussi.

— Et Eulalie ? — dit Lucien.

— Eulalie ? — répéta Lambert.

— Oui.

— L'as-tu revue ? — dit Charles,

— Jamais.

— Et elle est morte?...

— Du moins on l'a dit.

— Hein? — fit Lucien, — douterais-tu?

— Je douterai toujours quand il s'agira de Raymond et de ceux qui l'entourent.

— Mais si Eulalie n'était pas morte, — dit Charles, — que serait-elle devenue?

— Je l'ignore.

— Si elle était la femme légitime de Raymond cependant, cela serait facile à savoir. Les cas de séquestration et ceux de mort supposée ne sont plus de notre époque.

— C'est possible.

— Eh bien alors ?

— Eh bien ! je doute cependant.

— Toute cette histoire est bien étrange !
— dit Lucien.

— Et comment s'est-elle terminée pour
toi ? — demanda Charles.

— Je fus ruiné du coup et le plan com-
biné par Raymond réussit à ses souhaits.

L'affaire à la tête de laquelle je me trouvai à partir de ce jour, sans la connaître,
— fut ce qu'elle devait être, — une escro-
querie.

Raymond y gagna un million que je fus sensé avoir empoché.

Désigné par tous, — je me vis poursuivi.

Les actionnaires furieux s'acharnaient après moi... un jugement allait intervenir...

Je perdis la tête...

Raymond me fit passer de l'argent pour fuir... je passai à l'étranger.

Qu'aurais-je pu faire en demeurant en France ?

Dire la vérité était impossible.

Qui m'aurait cru ? quelles preuves avais-je de l'infamie de celui que j'eusse accusé ?

Aucune !

Dans cette nouvelle affaire dont j'étais la victime, Raymond avait su si bien organiser le traquenard dans lequel j'étais pris, que tout m'accusait sans que je pusse me défendre.

Sans doute le misérable complotait depuis longtemps ma ruine.

Sans doute il avait dressé ses batteries depuis plusieurs mois, — prévoyant qu'un moment viendrait où je serais à sa discrétion,   car en invoquant les livres de l'affaire Le Blanc, — je vis que mon nom y

figurait longtemps avant que je ne fusse contraint à en endosser la responsabilité.

Cette rouerie infâme avait été combinée
avec la plus infernale adresse.

Et je ne pouvais rien nier... je ne pouvais
même me plaindre.

Je restai absent près d'une année, — puis
je revins en France, — sans argent, — sans
espoir, — sans aucune ressource...

— Alors que fis-tu ? — demanda Charles.

— Je trouvai un modeste emploi duquel
je vécus. Je me fis copiste de théâtre.

A force de copier les manuscrits des auteurs, je finis par être dévoré de la fièvre d'écrire moi-même.

En entendant parler des revenus que quelques-uns de ces messieurs se faisaient avec leur plume, je me pris à me bercer de folles espérances.

Il me sembla que j'avais du talent.

Je résolus de travailler, de faire une pièce.

Gloire, — fortune, — liberté, — je voyais tout au bout d'un prochain triomphe.

Pour mon propre travail, — je négligeai celui que me donnait le copiste en chef et celui-ci me ferma bientôt sa porte.

Il y a de cela six semaines. J'avais quelques économies amassées à force de priva-
tions, — je crus pouvoir attendre.

Ma pièce était terminée, je la présentai
successivement à trois théâtres...

Partout elle fut impitoyablement refu-
sée.

Des premières scènes, — abordées tout
d'abord, — je descendis aux plus basses...

Ce matin même ma pièce m'a encore été
rendue par l'un des plus infimes théâtres de
la capitale.

— De sorte, — dit Lucien, — que tu n'as
plus rien?

— Rien ! — répondit Lambert.

— Mais, — fit observer Charles, — tu
avais jadis un riche mobilier, — des bijoux,
— des objets d'art, — Raymond ne t'avait
pas tout pris cependant.

— Non, — mais les créanciers de l'affaire
Le Blanc me prirent, — eux, — ce que Raymond m'avait laissé.

Charles et Lucien se regardèrent.

— Enfin, — reprit M. de Rueil, — tu es
venu me trouver. Dans quel but ? Que
veux-tu ?

— Entre toi et le suicide, — répondit
simplement Lambert, — je n'avais pas à hésiter.

Le suicide ! oh ! j'y ai bien souvent songé déjà, et il m'a fallu plus de force pour en repousser la pensée incessante que pour l'accomplir.

La mort est une si douce consolation pour ceux qui souffrent et qui sont seuls !

Mais il me semblait qu'il y aurait eu lâcheté à me tuer !

Mourir volontairement, c'était fuir devant l'ennemi, — c'était dire un adieu éternel à la vengeance, et je veux me venger de ce Raymond qui m'a tant fait souffrir.

Ce désir de me réhabiliter, — un jour moi-même, — à mes propres yeux, m'a seul donné la force de vivre.

Cependant, — je l'avoue, — ce matin, en
me voyant chasser du logement que j'habitais, en me trouvant sans argent et sans
pain, — en voyant mes dernières espérances déçues par le refus de ma pièce, — en
me sentant renversé sous la roue d'une voiture, je crus que la mort voulait de moi bien
décidément.

Ce vêtement déchiré, — le seul qui me
restât, — sans lequel il m'est impossible de
me présenter cependant nulle part, — ce
vêtement sali, — maculé de boue, — me
parut le dernier coup porté par un inflexible
destin.

Cette déchirure me fut plus sensible que

ne l'avait été la perte de toute ma fortune.
— Je me vis perdu.

Alors, comme le noyé qui se raccroche instinctivement à une branche que sa main rencontre, — je m'attachai, — dans cet instant suprême, — à un suprême espoir...

Je me fis conduire chez toi par le brave homme qui avait failli m'écraser. »

Charles tendit ses deux mains à Lambert.

— Merci ! — dit-il simplement. — Cependant ce matin tu as refusé mes services.

— Ce matin je ne t'avais pas fait ma confession entière.

— Et ce soir ?

— Ce soir, j'accepte !

— Que veux-tu ?

— Te faire un emprunt. Peut-être ne te rembourserai-je jamais... Dans ce cas, je serai mort avant d'avoir atteint ce but.

— Ma bourse t'est ouverte ! — dit Charles.

— Alors, prête-moi cinq cents francs, — le veux-tu ? Avec cette somme je pourrai vivre six mois, — je l'ai calculé. Dans six mois je serai arrivé ou je serai mort.

— Tu seras arrivé, — dit Charles.

Lambert secoua la tête.

— Peut-être ! — fit-il. — Enfin !... veux-tu toujours ?

Charles se leva, marcha vers son bureau, — ouvrit le meuble et y prit un rouleau de vingt-cinq louis qu'il tendit à Lambert.

— Quand te reverrai-je ? — dit-il.

— Dans six mois, — répondit d'Arcourt.

— Pas avant ?

— Peut-être si j'ai réussi, — mais dans six mois, — jour pour jour, je serai chez toi.

— Et maintenant ?... — dit Lucien.

— Maintenant, — je vous ai fait ma confession entière, — je n'ai plus rien à vous dire, — laissez-moi vous serrer les mains et vous quitter.

. . . .

Un quart d'heure après, Charles et Lucien étaient seuls dans la pièce.

— Pauvre Lambert ! — dit M. de Rueïl.

— Ce Raymond est un misérable, — fit Lucien qui paraissait fort agité.

Un silence suivit ce court échange de paroles.

Lucien parcourait rapidement la chambre.

Trois heures du matin sonnèrent à la pendule qui garnissait la cheminée.

— Lambert ne sait pas tout ou ne nous a pas tout dit ! — fit Lucien en s'arrêtant subitement dans sa promenade saccadée.

— Comment ? — fit Charles en relevant la tête.

— Non !

— Qu'y a-t-il donc encore ?

— Il y a qu'Eulalie n'est pas morte.

— Tu en es sûr ?

— Parfaitement sûr.

— Mais ce matin tu disais...

— Je disais ce que je devais dire alors, tandis que maintenant...

— Maintenant? — fit Charles en voyant Lucien s'arrêter.

Celui-ci fit encore quelques tours dans la chambre.

— Écoute, Charles, — reprit-il, — je sais que ce Raymond a entre les mains des pièces dont j'ignore l'importance, — mais qui peuvent compromettre au plus haut point ce pauvre Lambert.

— Quelles pièces? — demanda Charles.

— J'ignore les détails, — je sais le fait, — voilà tout.

— Eh bien ?

— Eh bien !... veux-tu faire une bonne
action ?...

— Sans doute.

— Veux-tu employer utilement notre oisiveté ?

— Volontiers.

— Alors, ne parle à personne de ce que
Lambert nous a confié cette nuit... Laisse-
moi mûrir en silence le plan que je médite
et tiens-toi prêt seulement à agir.

— Tu m'intrigues.

— Puisque je te promets que nous ferons une bonne œuvre.

— Ah çà, mais, — tu me parais bien décidément fort au courant de toute cette affaire.

— Je la connais parfaitement et mieux que d'Arcourt lui-même.

— Pourquoi n'as-tu pas agi jusqu'ici ?

— Pour des motifs que je te confierai plus tard.

— Des motifs graves ?

— Très-graves.

— Tu m'intrigues de plus en plus.

— Consens-tu toujours ?

— A me laisser guider par toi ?

— Oui.

— J'y consens.

— Eh bien... jeudi nous devons déjeuner chez de Launay ?

— Oui, il nous a tous invités.

— Jeudi en sortant de table, — je te communiquerai mon plan.

— Pourquoi donc pas avant ?

— Parce que d'ici là il faut que j'éclaire encore la route.

— Peste ! c'est donc une intrigue serrée dans laquelle nous allons nous lancer ?

— Très-serrée et très-dangereuse.

— Alors je consens plus que jamais.

— Donc à jeudi.

Les deux amis se serrèrent les mains, et Lucien quitta l'appartement de Charles de Rueil.

C'était à ce même instant, — que dans le salon du restaurant de la place d'Angoulême, les garçons commençaient à dresser la table du souper si ardemment désiré, — si impatiemment attendu, — si difficilement obtenu.

Les musiciens, — poussant d'énormes soupirs, décelant leur satisfaction intime, — s'apprêtaient à prendre un repos nécessaire.

Pingoin,—Cuissard et leurs amis aidaient les garçons pour activer le service.

M. Raymond causait avec son beau-frère, et tous deux souriaient d'un méchant sourire en regardant alternativement Adolphine et le marié.

Madame Marescot supputait intérieurement les avantages que lui ferait obtenir dans le futur bail à signer, la galanterie qu'elle faisait en consentant à augmenter le chiffre de la carte.

M. Guilloché ne dansant plus, — faute de place et d'orchestre, — ne mangeant pas encore, — faute de table mise, — M. Guilloché chantait pour ne pas perdre de temps.

XXIX

Le souper.

Lorsque la table fut mise et que les garçons eurent dressé sur la nappe d'une blancheur encore convenable aux lumières, — le menu discuté si longuement par la mère du marié, — chacun s'empressa de prendre place.

Avec une courtoisie qui lui valut, — de la part de la vieille dame, — un sourire tellement gracieux que les lèvres de madame Marescot s'entr'ouvrirent dans des proportions inquiétantes, — M. Raymond avait arrondi le coude et présenté l'avant-bras à la respectable *belle-maman* d'Adolphine.

Madame Marescot avait posé ses doigts maigres et crochus sur le drap noir de la manche, et elle s'était laissé conduire vers la table en regrettant de moins en moins la dépense du souper.

M. Raymond s'était assis auprès d'elle.

Si le dîner avait été gai, — le souper devait être plus gai encore.

Les radis n'étaient pas entamés que Guilloché chantait à tue-tête, — que Cuissard reprenait son accompagnement avec son couteau, — son verre, — son assiette, — que Pingoin criait, — que les dames riaient, — causaient, — discutaient, — que les enfants, — réveillés par la vue du repas, — glapissaient en tendant leurs assiettes.

C'était un vacarme épouvantable et qui devait être entendu du boulevard.

Adolphine, — toujours placée en face de son mari, avait refusé tout ce que les garçons lui avaient successivement présenté.

La pauvre enfant paraissait être en proie à une tristesse profonde.

Ses regards vagues et inquiets erraient autour d'elle sans voir évidemment les objets placés sous leurs rayons.

Parfois ses beaux yeux se relevaient machinalement et rencontraient Anténor profondément occupé à continuer au souper l'œuvre si bien commencée au dîner.

Alors, — elle tressaillait brusquement, — une rougeur subite envahissait son visage.. — à cette rougeur succédait une pâleur soudaine et ses yeux se détournaient, — tandis qu'un douloureux soupir s'échappait de sa poitrine.

M. Buchené, assis à la gauche de sa fille, — ne remarquait pas cette pantomime expressive.

Le digne homme fêtait le repas si laborieusement conquis sur l'avarice de sa *partie adverse.*

Buchené avait, pour voisine de droite, la grosse et grasse madame Cuissard, après laquelle venaient madame Guilloché et mademoiselle Pigrillard.

Les trois commères s'étaient réunies, — ayant eu grand soin de ne pas se laisser séparer par des hommes, — afin de mieux être à même de continuer leurs intarissables bavardages.

— Eh bien ! Buchené, — disait madame Cuissard en s'adressant à son voisin, — voilà votre fille mariée ?

— Ma foi oui ! — répondit Buchené avec une intonation qui signifiait : *Voilà une bonne affaire faite !*

— Hein ! vous allez être grand-père !

— Eh ! eh !... c'est possible.

— Cela ne vous rajeunit pas ! — lui cria madame Guilloché.

— Oh ! cela m'est égal.

— Il n'aime pas Adolphine , le vieil égoïste ! — dit mademoiselle Pigrillard à madame Guilloché.

— Pourquoi donc ?

— Parce qu'elle ressemble à sa mère !

— A la femme de Buchené ?

— Oui.

— Tiens ! Elle était gentille alors.

— Trop gentille pour lui !

— Le fait est qu'il est si laid !...

*

— Oh ! — dit madame Cuissard en tournant la tête pour ne pas être entendue de ses voisins. — Elle le savait bien la pauvre chère femme !

— Je ne l'ai pas connue, moi, — fit madame Guilloché.

— Est-ce qu'elle l'aimait ? — demanda Anastasie.

— Elle ? — Sa femme ?

— Oui.

— Elle ne pouvait pas le sentir.

— J'ai entendu dire, — fit observer madame Guilloché, — qu'elle l'avait épousé par
force.

— Oui, — fit Anastasie en se pinçant les
lèvres, — il y avait des circonstances...

— Quelles circonstances ?

— Vous m'entendez bien !

— Quoi ? Des circonstances...

— Majeures ! — ajouta madame Cuissard.

— Comment ? Buchené l'avait séduite ?

— Lui ? — Il en était incapable.

— Eh bien mais alors...

— Il y avait force majeure tout de même,
— dit Anastasie.

— Pas possible !

— Dame ! je l'ai toujours entendu dire !

— De sorte que Buchené...

Madame Cuissard fit les cornes avec ses
doigts : toutes trois se mirent à rire.

— Qu'est-ce qui vous fait rire ? — demanda Buchené.

— Rien ! — répondit madame Guilloché.

— Ah ! cher ami, — dit madame Cuissard, — voilà un jour qui doit réveiller vos souvenirs...

— Lesquels ?

— Tiens ! ceux de votre mariage à vous !

— Oh ! ils sont loin ces souvenirs-là !

— Oui !... votre pauvre femme !...

Buchené avala un verre de vin de bordeaux.

Madame Cuissard fit les yeux avec ses

— Il paraît qu'elle avait bien des qualités ! — dit Anastasie.

Qu'est-ce que vous en savez ?

— Beaucoup !... beaucoup lui... répondit

Buchené, — mais elle était d'une jalousie !...

— Bah ! — firent les trois femmes en riant plus fort.

— C'était au point que je n'osais plus sortir le soir sans elle !

— Comment ? — dit madame Cuissard.

— Oui ! Je n'osais plus !

— Pourquoi donc ?

— Figurez-vous qu'elle était si jalouse, que si je sortais le soir, — elle mettait des bûches dans les escaliers afin de me faire dégringoler !... Et comme il n'y avait pas de lumière, j'ai failli nombre de fois me rompre le cou !

— Pauvre femme ! — murmura madame Guilloché.

— Elle espérait s'en débarrasser comme cela ! — ajouta Anastasie.

— Oui ! je la regrette bien ! — fit Buchené en faisant un violent effort pour avaler une croûte de pâté qui s'était arrêtée dans sa gorge.

Émotion ou gloutonnerie, — le digne homme avait failli étouffer.

De l'autre côté d'Adolphine, — à sa droite, — était placé M. Raymond, — auquel on avait fait les honneurs.

Près de M. Raymond était madame Marescot.

Le propriétaire de Buchené n'avait pas adressé un mot à la jeune femme depuis qu'il s'était assis près d'elle.

Toutes ses attentions paraissaient être concentrées sur madame. Marescot, — au bosquet de laquelle il adressait ses plus gracieux sourires et ses phrases les plus galantes.

La vieille dame, — ne se sentant pas d'aise, — se trémoussait à faire craindre pour l'édifice fleuri de sa coiffure.

— Vous ne sauriez croire, madame, — disait M. Raymond, — combien j'aime et j'apprécie ces simples fêtes de famille où la gaîté est pour tous et la joie vive et bruyante.

Dans nos réunions du monde nous ne sommes pas habitués à cet entrain qui fait tourner toutes les têtes.

Nous rions du bout des lèvres et jamais à gorge déployée.

Cette gaîté qui nous entoure est réellement charmante et parfaitement justifiée, au reste, — car il est difficile de voir un mariage mieux assorti.

— Oui, — ma bru est gentille! — murmura madame Marescot en minaudant.

— Et votre fils a une tournure excellente.

— Vous trouvez?

— C'est vous qui l'avez élevé, n'est-ce pas, — madame?

— Oui, — monsieur !

— Cela se voit !

— Il est un peu timide !...

— Tant mieux.

— C'est son seul défaut !

— Mais c'est une qualité.

— Au reste, — c'est un bien bon garçon ! Je le ferais rentrer dans un trou de souris, — moi qui vous parle.

— Il vous respecte ?

— Il a de moi une peur abominable !

— Cela fait son éloge et décidément je m'intéresse à lui.

— Quoi... vraiment ?

— Je vous jure !

— Ah ! monsieur !... — Alors quand il s'agira de renouveler le bail... vous ne l'écorcherez pas trop, hein ?

— Je serai très-coulant !

— Il en sera bien reconnaissant.

— Et même, — ajouta M. Raymond en paraissant réfléchir, — je veux faire quelque chose pour lui !

— Quoi! vraiment? — s'écria madame Marescot.

— Oui!

— Une affaire que j'ai en train et dans laquelle je pourrai peut-être l'intéresser!

— Ah! monsieur!

— Est-il intelligent?

— Il tient de moi!

— Il est discret?

— Comme la tombe! Je l'ai élevé pour cela.

— Écónome?

— Il couperait un liard en quatre ! C'est mon élève.

— Alors, c'est ce qu'il me faut !

— De quoi s'agit-il donc ?

— De me représenter dans une affaire en province.

— Et il y aurait un bénéfice ?

— Cinq mille francs, — tout net !

— Sans un sou à risquer ?

— Pas un centime !

— Sans avance à faire ?

— Aucune !

— Ah! monsieur! monsieur!… Comment vous remercier! — s'écria madame Marescot, dont la joie était si vive que son bosquet se livrait aux élans les plus convulsifs.

Et se tournant vers Buchené :

— Buchené! Buchené! — cria-t-elle.

— Quoi? — fit le père de la mariée en se retournant.

— Venez ici !

— Hein?

— Venez donc! M. Raymond a à vous parler.

Et tandis que Buchené quittait la table

avec empressement, madame Marescot appela son fils et lui donna impérieusement l'ordre de venir près d'elle.

La mère, — le fils, — le beau-père formèrent un demi-cercle autour de Raymond, tandis que celui-ci échangeait avec Julien David, — placé en face de lui, — un regard d'intelligence.

Madame Marescot expliqua rapidement les excellentes dispositions de M. Raymond en faveur du jeune ménage.

Pendant ce temps, Julien s'était levé de table à son tour, et s'approchait doucement.

Les autres convives faisaient un tel vacarme que personne ne pouvait entendre ce qui se disait autour de M. Raymond.

Adolphine, — toujours pensive et inquiète, — ne prêtait aucune attention à ce qui se passait près d'elle.

Julien avait rejoint le petit groupe.

— Eh bien ! — lui dit Raymond, — nous n'avons plus besoin de chercher notre représentant dans l'affaire des glaces. M. Anténor Marescot est notre homme.

— Mais, — fit Julien, — pourra-t-il...

— Je m'en charge, — interrompit Raymond.

— Alors il faudrait qu'il se tînt prêt à partir.

— Ah ! — fit madame Marescot, — il faut voyager ?

— Oh ! une promenade à Marseille ! — dit Raymond.

— L'affaire de quelques jours, — ajouta Julien.

— Je partirai ! — dit Anténor.

— Quand serez-vous prêt ?

— Quand il le faudra ! — se hâta de dire madame Marescot.

— Très-bien. — Alors venez chez moi demain à deux heures.

— J'y serai, — dit Anténor.

— Nous y serons ! — ajouta madame Marescot.

— Monsieur le marié ! — cria une voix sonore qui domina le tumulte, — vous avez quitté votre place, — je la prends, moi !

Tous se retournèrent. — A la place occupée précédemment par Anténor était l'un des amis de M. Raymond, — l'un de ceux qu'il avait amenés avec lui.

Celui qui venait d'interpeller Anténor tenait son verre levé, et s'apprêtait évidemment à porter un toast.

(Nous avons oublié de dire que, — dans son empressement à être agréable à celui qui allait être le propriétaire de son fils, — madame Marescot avait fait remonter les quatre bouteilles de champagne, — épargnées au dîner, grâce à ses soins vigilants, — et les avait fait déboucher pour le souper.)

Chacun avait donc dans son verre un petit échantillon du liquide gazeux.

— A la santé de la mariée! — cria celui qui avait pris la place d'Anténor et que Raymond avait nommé Alfred Chabanel en le présentant à la société.

— A la santé de la mariée! — avait-on répété en chœur.

— Le marié à sa place ! — glapirent les garçons d'honneur.

— A sa place ! à sa place ! — mugit-on de toutes parts.

Et les bras de se tendre, — les verres de se choquer, — les cris de s'entrecroiser...

— Allez à votre place, mon ami, — dit M. Raymond à Anténor, — et demain, venez me trouver !

Anténor se leva et regagna sa place au milieu des cris des convives.

La joie était alors dans son expansion la plus formidable.

Alfred Chabanel, — l'auteur du toast

porté, — se recula en voyant venir Anténor, et lui rendit son siége.

Alfred tenait à la main un verre plein.

— Ah ! pardon ! — fit-il en revenant vivement vers Anténor, — je me suis trompé de verre : j'ai pris le vôtre et voici le mien.

Et tendant la coupe épaisse qu'il élevait, il l'échangea contre celle que venait de saisir Anténor.

— A la santé du marié ! — cria-t-il.

— A la santé ! — répéta-t-on.

Tous les verres se choquèrent encore, et Anténor avala d'un trait le contenu du sien.

Alfred avait regagné sa place.

Le bruit augmentait encore de tous côtés :
c'était un charivari tellement joyeux qu'il
devenait impossible de saisir un son séparé.

— Chantons ! — vociférait Guilloché, —
qui, — furieux de ne pouvoir plus se faire
entendre, — monta sur sa chaise pour mieux
dominer l'assemblée.

— Nous avons soupé, — dansons ! —
crièrent les dames.

— Vive la joie ! —béugla Cuissard.

— Ah ! mon Dieu ! — glapit madame
Guilloché, — qu'a donc Anténor ?

Au cri aigu de madame Guilloché, — tous

les regards se reportèrent sur le marié.

Anténor venait de reposer sur la table la coupe de champagne qu'il avait vidée.

Il était très-pâle... ses gros yeux ronds étaient fixes et sans regards, — sa physionomie était immobile, — son corps paraissait même privé de la faculté de se mouvoir.

Anténor ! — Anténor ! — criaient quelques personnes effrayées du changement qui venait de s'accomplir dans le fils de madame Marescot.

Aussitôt on se précipita vers lui...

Mais avant que vingt bras tendus eussent pu le soutenir, Anténor retombait lourdement sur son siége et s'affaissait sur lui-

même comme un homme privé de sentiment.

Alfred Chabanel s'était élancé le premier,
et il arriva près d'Anténor avant tous les
autres.

— Le marié se trouve mal ! — criait-il,
— de l'eau !

Et se retournant vers la table, il saisit une
carafe, remplit la coupe de champagne que
venait de vider Anténor, et lança l'eau fraîche qu'elle contenait maintenant, au visage
du malheureux marié.

Mais dans sa précipitation, Alfred calcula
si peu ses mouvements, que la coupe après

avoir arrosé de son contenu la chevelure d'Anténor, échappa et alla se briser sur le plancher.

XXX

La mendiante.

Le tumulte était à son comble.

Plus de vingt personnes entouraient le marié toujours évanoui.

Les autres criaient, — couraient, — se heurtaient et parlaient toutes à la fois.

— Mais c'est donc la journée aux évanouissements ! — dit madame Cuissard en croquant quelques menus desserts, et sans faire mine de porter secours au marié.

— Adolphine ce matin ! — Anténor ce soir ! — fit madame Guilloché, qu'est-ce qu'ils ont donc à se pâmer comme cela !

— C'est indécent ! — dit mademoiselle Pigrillard.

— C'est l'émotion ! — ajouta Guilloché. A mon premier mariage je me suis évanoui aussi, moi !

— Pas moi ! — cria Cuissard.

Madame Marescot et Buchené s'étaient précipités vers Anténor.

Mais Buchené gardait rancune à madame Marescot des sarcasmes qu'elle avait lancés à Adolphine à propos de ses évanouissements du matin.

— Eh bien ! — lui dit-il, — c'est le tour de votre garçon, à ce qu'il paraît.

— Il est si bête ! — murmura madame Marescot.

On prodiguait toujours à Anténor des soins qui ne paraissaient pas devoir le rappeler à lui-même.

Alfred Chabanel s'était reculé après avoir offert les premiers secours.

Raymond et Julien se tenaient à l'écart.

Alfred vint près d'eux, et les aborda en clignant de l'œil d'une façon significative.

— Eh bien ? — dit-il.

— Bien joué ! — fit Julien,

— Oui, — ajouta Raymond, — mais la dose est peut-être un peu forte.

— Oh ! non ! — dit Alfred.

— Cependant l'effet a été foudroyant.

— Mais il n'est pas dangereux.

— Tu en réponds ?

— Un malaise assez vif de quarante-huit heures, et il n'y paraîtra plus après.

— Tu crois ?

— J'en suis sûr !

— Cependant...

— N'aie donc pas peur ! je connais l'effet de la chose. Ce n'est rien, s'il avait un peu moins mangé, il n'en aurait que pour douze heures.

— Et... en tous cas, — les traces ?

— Disparues ! J'ai rincé le verre avec de l'eau en voulant asperger l'imbécile, et pour lus de sûreté j'ai brisé la coupe.

— Très-bien !

— Donc, aucun danger.

Raymond s'approcha alors d'Anténor.

On parlait d'envoyer chercher un médecin.

— Inutile, — dit le propriétaire, — ce n'est rien. Il va revenir à lui !...

Et tirant un flacon de sa poche, il le fit respirer à Anténor.

Le marié ouvrit les yeux et fit un mouvement.

— Là ! vous voyez ! .. — poursuivit Raymond. — Ce ne sera rien.

Effectivement, Anténor reprenait connaissance. Il voulut se lever, mais il n'y put parvenir.

Il déclara qu'il se sentait brisé et qu'il lui était impossible de se mouvoir.

On le transporta sur une banquette.

Adolphine, — depuis le moment de l'évanouissement de son mari, — avait paru prête elle-même à s'évanouir une troisième fois, mais, — tout le monde étant occupé d'Anténor, — personne n'avait fait attention à elle.

M. Raymond, — le seul peut-être, — avait remarqué la pâleur d'Adolphine.

Quittant Julien et Alfred, — avec lesquels il venait d'échanger les rapides paroles que nous avons rapportées, — il se rapprocha doucement de la jeune femme, sans que celle-ci le vît même se diriger vers elle.

Il arriva donc jusqu'à toucher presque l'épaule d'Adolphine, sans que la jolie mariée pût supposer sa présence.

— J'ai deviné ce qui se passait en vous, — dit-il à voix basse. — Anténor est souffrant pour quelques jours, et avant qu'il soit guéri, il partira en voyage!...

Adolphine étouffa un cri et se retourna brusquement...

M. Raymond avait rejoint un groupe et tournait le dos à la jeune femme.

Adolphine demeura un moment immobile, — comme foudroyée, — puis des secousses nerveuses agitèrent ses épaules, et elle éclata en sanglots.

— Pauvre petite femme ! comme elle aime son mari ! — dirent des invitées en remarquant la douleur d'Adolphine.

Une heure après, — Anténor paraissait être un peu mieux, mais il se sentait encore très-faible et fort souffrant.

Cuissard et Guilloché souriaient sournoisement en regardant Anténor et Adolphine.

Madame Marescot, — après avoir donné quelques soins à son fils, — s'était rapprochée de Raymond et de Julien David.

— Ce ne sera rien, messieurs, — dit-elle,

— ce ne sera rien, ne vous inquiétez pas et comptez toujours sur Anténor.

— Qu'il ne se dérange pas demain, — répondit Raymond, — j'irai le voir.

— Quoi ! vous aurez cette bonté !

— Certainement.

— Ainsi cette belle affaire ?...

— Je la conserve pour votre fils. Je n'ai qu'une parole.

L'évanouissement d'Anténor avait porté un trop rude coup à l'entrain de la noce, pour qu'à cette heure avancée de la nuit, le bal pût s'en remettre.

Il était alors plus de quatre heures du matin et la gaieté avait à peu près disparu.

— Est-il bête cet Anténor, de tomber en pamoison au moment où l'on s'amusait tant ! — dit Pingoin à ses amis.

— Tiens ! — fit Cuissard, — il aurait bien pu attendre qu'il fût chez lui pour se trouver mal !

— Si sa mère avait l'idée de l'embarquer dans un fiacre, — ajouta Guilloché, — on danserait tout de même jusqu'au jour.

— Encore, — dit Pingoin, — si les cafés n'étaient pas fermés, on pourrait, en laissant les femmes s'en aller seules, aller s'amuser un peu (1).

(1) A propos de café, — et dans notre précédent volume, — nous nous efforcions de démontrer les dangers des habitudes du café (non comme bois son, — mais comme établissement public) au point de vue moral.

Ces réflexions faites par nous, — dans un but que le lecteur comprend, — nous ont valu, — nous sommes heureux de le dire, — de nombreuses approbations et même l'envoi d'un rapport communiqué à l'*Académie des sciences* par le docteur Legrand du Saulle, — rapport dont nous extrayons les passages suivants, et qui, — eux, — présentent les inconvénients que nous avons signalés, — mais par rapport à l'hygiène :

« .,... C'est surtout pendant l'hiver, — dit ce rapport remarquable, — que le séjour dans les cafés est le plus malsain, car chacun a la maladroite attention de veiller à ce que toutes les issues soient hermétiquement closes, et, par une fâcheuse coïncidence, c'est également pendant l'hiver qu'ils sont le plus fréquentés.

« Ainsi que l'a fait remarquer avec une grande justesse M. Ch. Saint-Laurent dans sa très-remarquable étude sur la composition chimique de l'atmosphère

Mais les efforts de ces messieurs pour ramener la joie et l'entrain de la fête ne furent pas couronnés de succès.

des estaminets, « la combustion et la respiration humaine absorbent incessamment l'oxygène, en même temps qu'elles rejettent dans l'espace des torrents d'acide carbonique et de vapeur d'eau. »

« Or on sait que non-seulement l'acide carbonique est impropre à entretenir la vie, mais encore qu'il lui est nuisible.

« Dans l'été, une partie de ces inconvénients est conjurée, car une suffisante masse d'air, fréquemment renouvelée, qui circule dans les salles.

« Dans un grand nombre de cas, les individus chez lesquels la fréquentation des cafés est dégénérée en habitude invétérée, finissent, après un temps très-variable, par subir à des degrés différents une sorte d'intoxication spéciale, caractérisée par des phénomènes qui trahissent d'une manière non équivoque l'afflux sanguin vers le cerveau.

« Il nous a semblé que l'on pouvait facilement reconnaître trois périodes distinctes dans cette sorte d'empoisonnement à forme congestive. Nous allons essayer de tracer un fidèle aperçu de chacune d'elles.

« 1re *période.* — L'économie tout entière est tou-

Les femmes bavardaient par groupes, —
faisant force commentaires, — sur les deux

chée : les traits de la physionomie pâlissent ; les di-
gestions, opérées dans un milieu presque asphyxiant,
deviennent lentes et difficiles, et il se manifeste volontiers un commencement de dyspepsie flatulente.
Au sortir du café, on observe quelques signes assez
marqués de chaleur à la face et de pesanteur de tête,
mais qui ne tardent point à se dissiper au grand air;
le sommeil est lourd ; le caractère devient impatient.
— Rien, du reste, à noter du côté des facultés de l'intelligence.

« 2ᵉ *période.* — Les traits se flétrissent, l'appétit
diminue ; des goûts bizarres se prononcent ; il s'éta-
blit de la constipation ; les yeux sont souvent humides ; la vue supporte moins bien l'éclat de la lumière ;
l'odorat disparaît ; le sens génital s'affaiblit ; le caractère est inquiet et grondeur ; l'aptitude au travail
intellectuel baisse sensiblement ; la mémoire est sur-
prise en défaut ; l'attention ne peut pas être fixée longtemps sur un seul et même objet ; les facultés affec-
tives se voilent.

« 3ᵉ *période.* — Les traits s'affaissent ; la respiration est un peu gênée ; le pouls est parfois intermit-
tent ; les fonctions digestives restent en souffrance ; le
sommeil est agité ; les yeux sont brillants, la vue est

évanouissements d'Adolphine et sur celui
d'Anténor.

trompeuse, l'ouïe dure ; l'appétit génésique se perd ;
la susceptibilité émotive est facilement impressionnée,
et une larme, retenue avec peine, vient, sans raison
suffisante, humecter la paupière ; les distractions sont
assez fréquentes ; quelques aberrations étranges sont
commises ; la fatigue musculaire est rapidement pro-
duite, de temps à autre, les mouvements paraissent
incertains, une sensation de froid est perçue, et de
l'engourdissement dans les membres est ressenti ; le
corps s'infléchit légèrement d'un côté.

« Que les individus soumis à cette intoxication fas-
sent un pas de plus, et ils entrent sans transition dans
le domaine de la pathologie cérébrale : la congestion
les attend et les frappe. Nous n'avons point à faire ressortir ici toutes les conséquences possibles d'un acci-
dent de ce genre, qu'il nous suffise de rappeler que
c'est le plus ordinairement après une congestion que
débute la paralysie générale des aliénés, maladie dont
l'extrême fréquence devient réellement alarmante.

« L'état particulier dont nous avons tracé la des-
cription est compatible avec la santé apparente, l'activité et l'exercice normal de toutes les professions,
surtout dans les deux premières périodes, on vit dans
une quiétude parfaite, sans s'apercevoir de la rapidité
de la pente au bas de laquelle on se laisse glisser.

Enfin, à quatre heures et demie on demanda les voitures et l'on se décida à rentrer.

« Cet empoisonnement à forme congestive se distingue d'une façon très-nette de tous les phénomènes observés sous l'influence des boissons alcooliques ; en effet, il ne s'agit point du tout ici des lésions spéciales qu'entraînent les habitudes de l'ivrognerie. La variété d'intoxication dont nous parlons se remarque chez un grand nombre d'hommes très-sobres, ne faisant jamais d'excès, mais qui, après avoir pris leur tasse de café, souvent sans addition d'eau-de-vie, séjournent tous les jours une ou plusieurs heures dans l'estaminet. Ils s'étiolent, se congestionnent et s'asphyxient tout simplement en demeurant dans un lieu malsain et en respirant un air irrespirable et trop chaud.

« Il est fort difficile d'estimer, même approximativement, au bout de combien de temps commencent à apparaître quelques-uns des prodromes caractéristiques sur lesquels nous appelons sincèrement l'attention. Nous pouvons dire qu'en général les jeunes gens résistent admirablement bien à ces impressions malfaisantes, et qu'il leur faut quelquefois plus de six ou huit années de fréquentation assidue des estaminets pour qu'ils présentent des signes prémonitoires ap-

Anténor, — de plus en plus souffrant, —
se laissa conduire sans même paraître s'occuper de sa femme.

partenant à la première période ; encore leur évolu-
tion est-elle fugace et lente. Cependant, une fois que
la pâleur de la face, la dyspepsie et la céphalalgie
passagère se déclarent, l'intoxication est évidente, et
si les mêmes causes persistent, les mêmes effets per-
sisteront aussi et iront en s'aggravant.

« On comprend combien l'intoxication est rendue
facile lorsque les habitudes de café sont contractées
tardivement ; et quand les sujets sont âgés de quarante à cinquante-cinq ans, qu'ils sont forts, replets
et pléthoriques, et qu'ils sont arrivés à cette phase de
la vie où l'on savoure, dans une oisiveté trop souvent
fatale, les jouissances qu'a procurées un long et pénible labeur.

« Si la classe des anciens négociants est fréquemment atteinte par l'atmosphère des cafés, celle des officiers en garnison est peut-être maltraitée davantage
encore. Nos confrères de l'armée savent combien les
accidents cérébraux sont communs et quelquefois
promptement mortels, chez les militaires qui sont sur
la fin de leur carrière, peu d'années avant leur ren-
trée dans la vie civile. Sans doute l'abus des boisson

Celle-ci descendit avec son père et madame Marescot, et tous quatre partirent.

est pour beaucoup d'entre eux une circonstance étiologique des plus graves ; mais les officiers qui, tout en étant demeurés sobres, ont vécu avec leurs camarades dans les cafés, payent également un large tribut aux affections de l'encéphale.

« Tous les prodromes éloignés que nous avons fait rentrer dans la première et la seconde périodes, sont susceptibles d'être enrayés à peu près complètement par la cessation radicale des habitudes anciennement contractées ; on peut en voir des exemples assez frappants chez les officiers qui à l'âge de quarante ans environ viennent à se marier, et qui la plupart rompent avec le passé. Leur santé devient incomparablement meilleure.

« Lorsqu'on songe à la fréquence de la paralysie générale chez les hommes, à sa rareté chez les femmes ; que l'on se souvient d'ailleurs que cette maladie débute très-fréquemment par une congestion, et que l'on se rappelle enfin la puissante influence qu'exerce l'atmosphère des cafés sur le développement des congestions, ne peut-il pas être permis d'expliquer la différence si sensible qui existe entre les deux sexes par cette circonstance que les hommes seuls, en dehors de toute cause d'alcoolisme, se soumettent à l'in-

— Une jolie noce ! — fit madame Cuissard en haussant les épaules. — Dire qu'on

fluence congestive que nous avons signalée? Nous croyons que ce renseignement étiologique a été méconnu, mais que l'on devra le retrouver encore assez souvent dans quelques cas d'affections cérébrales dont les causes étaient restées mystérieuses.

« De ce que nous venons de mentionner particulièrement la paralysie générale, il ne s'ensuit pas que cette affection soit la seule que nous ayons observée à la suite d'une fréquentation assidue des cafés. Loin de là ; nous sommes d'avis que dans toutes ou presque toutes les lésions du cerveau qui ont eu un état congestif pour point de départ, l'influence de l'atmosphère des cafés peut être signalée une fois sur dix comme ayant été la cause déterminante.

« Nous ne sommes arrivé à la constatation de ces faits qu'avec une patience investigatrice qui remonte déjà à une époque éloignée, et qu'après avoir noté avec un soin minutieux tous les indices révélateurs d'une habitude contraire aux sages prescriptions de l'hygiène. Nous espérons qu'un contrôle sévère et impartial ne pourra conduire qu'à des résultats absolument identiques ; car, ainsi que l'a dit Pinel dans son *Traité médico-philosophique sur l'aliénation mentale,* « les résultats de l'observation, en médecine,

n'aura dansé que jusqu'à quatre heures du matin, — moi qui croyais aller jusqu'au jour.

donnent rarement lieu à un partage d'opinions si on en fait une étude approfondie. »

« De ces diverses considérations, nous croyons pouvoir faire ressortir les propositions suivantes :

« 1° Les cafés, tels qu'ils sont aujourd'hui disposés, sont loin d'être suffisamment ventilés, ils deviennent dès lors un séjour malsain.

« 2° Chez un grand nombre d'individus qui fréquentent assidument les cafés, on peut observer, après un temps dont il est extrêmement difficile de fixer la durée, une sorte d'intoxication spéciale : des troubles particuliers affectent l'économie, et il se manifeste à la longue une tendance marquée à la congestion cérébrale.

« 3° Les accidents auxquels il est fait allusion ne sont nullement sous la dépendance de l'alcoolisme ; ils en diffèrent même notablement. On les rencontre d'ailleurs chez des hommes sobres, qui font de l'estaminet un rendez-vous d'affaires ou de plaisir, et non point un lieu où l'on se rend pour acheter l'ivresse.

« 4° Ce qui tend à prouver le caractère spécial de cette variété d'empoisonnement à forme congestive, c'est que tous les phénomènes observés, surtout dans la première et la deuxième périodes, disparaissent

Ah ! — je regrette joliment de m'être fait faire une robe !

— Et moi un chapeau ! — ajouta madame Pingoin.

— C'est égal, — fit observer madame Guil-

spontanément peu de temps après la cessation de la cause.

« 5° Toutes les maladies aiguës ou chroniques qui affectent le cerveau et dont l'étiologie reste impénétrable, peuvent, environ une fois sur dix, n'avoir point d'autre cause qu'un séjour depuis un certain nombre d'années, d'une ou plusieurs heures par jour, dans l'atmosphère chaude et viciée des cafés.

« 6° La paralysie générale des aliénés débutant la plupart du temps par une congestion, et l'atmosphère des cafés conduisant souvent, mais à la longue, à ce phénomène primordial, il y a lieu de se demander si cette circonstance n'expliquerait pas jusqu'à un certain point la très-grande fréquence de la paralysie générale chez les hommes et sa rareté chez les femmes. »

loché, — c'est drôle tout de même tous ces évanouissements-là !... Il doit y avoir quelque chose là-dessous.

— Quoi donc ? — demanda Anastasie.

— Ah ! je ne sais pas, moi !

M. Raymond, Julien David et leurs compagnons prenaient alors leurs pardessus.

Raymond ne s'était pas approché d'Adolphine, depuis l'instant où il lui avait glissé à l'oreille la phrase que nous avons entendu prononcer.

Il avait même paru, — depuis ce moment, — éviter la jeune femme.

.   .   .   .

Il était alors près de cinq heures du matin, l'on était en mai et le soleil, — se levant, — commençait à colorer le ciel de ses teintes rougeâtres, dont les nuances si variées et si belles sont insaisissables pour le peintre.

A cette heure, une partie de Paris commençait à se réveiller.

Paris, — au reste, — est curieux à étudier dans ses différents réveils.

Nous disons *ses réveils,* — car Paris en a

plusieurs, — presqu'aussi nombreux que le sont ses différents quartiers, et souvent telle rue est en pleine activité quand telle autre est encore plongée dans les engourdissements du sommeil.

Les quartiers d'ouvriers sont naturellement les plus prompts à s'animer, et parmi ces quartiers l'un de ceux qui peut, à bon droit, passer pour le plus bruyant, est certes celui du Temple.

Après celui des Halles, — le quartier du Temple est celui qui se réveille le plus tôt.

Aussi, au moment où la noce sortait en masse de chez Chapard, — les femmes emportant ou traînant les enfants, — les hommes marchant ensemble de leur côté sans

se soucier de leur *moitié* ni de leur *progéni-*
ture, — la rue d'Angoulême, la rue des
Fossés et le boulevard commençaient à voir
leur pavé sillonné par les voitures, allant aux
Halles ou en revenant, et leurs trottoirs fou-
lés par les ouvriers et encombrés par les
laitiers et les laitières.

Sur la chaussée du boulevard, — des bri-
gades de balayeurs des deux sexes soule-
vaient des tourbillons de poussière qu'em-
portait en longues spirales le vent frais du
matin.

Dans la rue des Fossés, — il se trouve
plusieurs de ces maisons garnies où l'on
loge à la nuit moyennant la plus modique
rétribution.

Ces maisons, qui s'emplissent tard, se vi-
dent de bonne heure.

Tandis que la noce envahissait la place
d'Angoulême, une femme franchit le seuil
de l'un de ces établissements misérables
dont nous venons de parler.

Cette femme, couverte de haillons et portant la livrée de la plus horrible misère,
remonta la rue, — se dirigeant vers la
place.

Un mouchoir, lui recouvrant la tête et
noué sous le menton, cachait entièrement
le visage.

Un mauvais châle se drapait sur ses épaules, et le bas déchiqueté d'une maigre robe

de coton traînait sur des souliers qui méritaient à peine le nom de chaussures.

Cette malheureuse, — dont il était impossible de deviner l'âge, car sa tournure n'indiquait que la souffrance, — cette malheureuse marchait avec peine, — se soutenant d'une main maigre au mur des maisons, — chancelant à chaque pas, et ne paraissant se soutenir que par un double miracle de volonté et d'équilibre.

Se traînant tant bien que mal, — elle atteignit cependant la place d'Angoulême à l'instant où la noce quittait le restaurant.

Elle traversa les groupes bruyants et animés, — la tête basse, — les bras pendants, — avec l'allure d'une pauvre créature qui n'a même plus la force de se rendre compte de ce qui se passe autour d'elle.

Ses yeux, — à demi voilés par le mouchoir qui lui couvrait la tête et par quelques longues mêches de cheveux noirs qui ombrageaient son front, — ses yeux semblaient errer sur le pavé de la rue.

Un des garçons du restaurant, — l'un des préposés au nettoyage des cuisines sans doute, — vidait alors près du trottoir de grands paniers contenant les résidus de l'établissement.

Parmi ces résidus de toutes espèces et à l'aspect repoussant, se trouvait par hasard un petit croûton de pain.

Le morceau roula sur la chaussée de la rue.

La malheureuse femme l'aperçut au moment où Cuissard allait le fouler sous son pied d'hippopotame.

Se précipitant rapidement, — elle enleva le morceau de pain avant que la botte du nain ne l'eût écrasé, et elle s'en saisit avec une avidité telle, que mesdames Guilloché et Cuissard, qui passaient près d'elle, en furent émues.

— Pauvre femme! Elle meurt donc de faim! — dit la pimpante marchande.

— Ah! c'est affreux! — ajouta madame

Cuissard en fouillant dans la poche de sa robe.

Madame Guilloché avait fait instinctivement le même geste, et les deux femmes charitables tendirent à la fois la main vers la malheureuse.

Celle-ci recula en baissant encore plus la tête.

Une hésitation terrible parut livrer dans son âme un combat effrayant à la nécessité.

Enfin, elle avança une main tremblante et reçut les aumônes qui s'offraient généreusement à elle.

Mais à peine l'argent touchait-il la paume

de sa main, qu'il parut brûler l'épiderme de la peau.

Un tremblement convulsif agita tout le corps de la pauvre créature, et un sanglot, après avoir fait frissonner ses épaules, éclata dans sa gorge avec un déchirement strident.

— Gare donc ! — cria une voix.

Un élégant coupé s'avançait au pas, tournant l'angle du trottoir, pour se ranger devant le restaurant.

La mendiante se recula et monta sur le trottoir.

Un groom ouvrait la portière du coupé !

M. Raymond et Julien David, — saluant les invités qui s'empressaient en courbettes autour du riche propriétaire de Buchené, — Raymond et Julien David quittèrent alors le seuil du restaurant pour s'élancer dans la voiture élégante.

La pauvre femme touchait presque la portière.

En voyant cette misérable créature, — couverte de haillons, — Raymond fouilla dans son porte-monnaie avec un geste d'autant plus superbe, qu'il sentait tous les yeux fixés sur lui.

Il prit une petite pièce de cinq francs en or, et, la tendant à la mendiante :

— Tenez, ma pauvre femme ! — dit-il.

La malheureuse redressa vivement la tête,
et les premiers rayons du soleil éclairèrent
alors en plein son visage.

Cette femme, — si hideusement vêtue, —
était cependant très-belle encore.

On devinait aisément que la misère, la
douleur avaient flétri ses traits avant l'âge,
car cette femme était jeune, — mais sa
beauté avait dû être telle, qu'en dépit de
ces horribles stigmates qui l'avaient ternie,
— elle était fort remarquable encore.

Raymond avait un pied posé sur le mar-
che-pied de son coupé.

Il vit parfaitement la pauvre femme.

Lui jetant la pièce d'or, — que celle-ci n'avait pas prise, — il s'élança dans sa voiture.

Julien David suivit rapidement son beau-frère, — le groom referma la portière et le coupé partit au grand trot.

La malheureuse femme n'avait pas ramassé la pièce d'or qui gisait à ses pieds.

Elle semblait frappée de stupeur et sous l'empire d'un saisissement qui paralysait toutes ses facultés.

Ce fut Jules qui ramassa l'or et tendit la pièce à la mendiante.

— Prenez donc ! — dit-il.

Mais la femme ne parut pas l'entendre.

Le coupé, — remontant la rue d'Angoulême, — tournait l'angle du boulevard.

Raymond se pencha à la portière, — lança
un regard vers la place du restaurant, et put
voir encore la misérable femme demeurée
immobile à la même place.

Il se rejeta dans le fond de la voiture.

— C'est elle ? — dit Julien.

— C'est elle ! — répondit Raymond.

— Ainsi elle n'est pas morte ?

— Il paraîtrait.

— Comment a-t-elle pu échapper ?

— Du diable si je le sais.

— Crois-tu qu'elle nous ait reconnus ?

— Je le crois.

— Diable !

— Que crains-tu ?

— Mais...

— Elle ne peut rien !

— Si elle retrouvait l'autre ?

— Bast ! que pourraient-ils davantage. Ils n'ont rien.

— C'est égal ! il faut agir.

— Contre d'Arcourt ?

— Oui.

— Ce serait peut-être plus prudent.

— Alors...

— Tu as les pièces ?

— Oui.

— Eh bien ! remets-les demain à l'huissier, qu'il poursuive ferme et au besoin qu'il dépose sa plainte. — Le reste regardera la justice.

— Et... elle ?

— Elle? — répéta Raymond.

— Oui !

— Elle deviendra ce qu'elle pourra...

— Mais elle peut...

— Elle ne peut rien ! — Tu sais bien que j'ai tout détruit !

— Tout?

— Oui !

— Tu en es sûr ?

— Parfaitement certain.

— Très-bien alors, — mais, je le répète, il faut agir.

— C'est mon avis, — charge-toi de l'huissier, — moi je me charge d'Adolphine ! — comprends-tu maintenant combien cette petite peut nous être utile ?

— Parbleu !

— Tu vois bien que mes plans sont bons et d'une réussite infaillible !

— Tu es un grand homme !

— Je l'avais toujours pensé ! — répondit Raymond.

I

Monsieur Coquart

Le surlendemain du jour où s'étaient ac-
complis les événements que nous avons rap-
portés dans la première partie de notre récit, — le surlendemain de ce jour où le mariage d'Anténor Marescot avait réuni dans
les salons de Chapard les invités de la noce

à laquelle nous avons assisté, de ce jour où Lambert d'Arcourt ayant retrouvé ses amis d'autrefois, — ses camarades d'enfance, — leur avait confié le récit de sa vie, — vers les dernières heures de la matinée, trois hommes, paraissant appartenir à trois degrés différents de la société parisienne, suivaient rapidement le côté droit du boulevard des Capucines, se dirigeant vers le quartier de la Madeleine.

Celui des trois qui, par sa mise et par l'affectation qu'il mettait à précéder ses deux compagnons, semblait être leur supérieur, était un homme de quarante à quarante-cinq ans, — haut de taille, — étroit de poitrine et porteur de l'une de ces physionomies impassibles qui font le désespoir de l'observateur.

Son front chauve, sur lequel se projetait l'ombre des ailes de son chapeau, était d'un ton blafard contrastant singulièrement avec la nuance violacée du reste du visage.

Ses yeux, d'un gris foncé, faisaient glisser, — au travers des vers bleuis de lunettes d'écaille, — un regard froid et terne.

Sa bouche, — aux lèvres minces et décolorées, — se dessinait nettement au-dessous d'un nez long et droit, dont l'extrémité prolongée outre mesure et allant en s'amincissant, se terminait par une pointe tellement aiguë que cet organe de l'odorat semblait une

arme offensive placée par l'intelligente nature au centre du visage.

Le menton, — soigneusement rasé, —
était encadré par deux favoris étroits et
taillés en brosse, descendant uniformément
le long des joues.

Le col maigre, — sur lequel la tête s'at-
tachait à angle droit, — était entouré par
une ample cravate dont la blancheur faisait
paraître jaunâtre la chemise qui, — à en
juger par le ton général, — avait dû faire
un long séjour dans l'armoire au linge.

L'habit, — bien et dûment brossé, — affectait cette coupe ancienne vulgairement
désignée sous le nom de : *queue de morue*.

Le gilet, — noir comme le reste du costume à l'exception de la cravate, — montrait çà et là quelques taches insolites et légèrement empreintes d'une teinte vineuse, qui ne décelaient peut-être pas chez son propriétaire une sobriété d'anachorète.

Le pantalon, — mal coupé, — retombait en serpentant sur des souliers jadis vernis.

Un large portefeuille en cuir noir, bourré de papiers et porté sous le bras gauche, complétait admirablement l'ensemble de cet individu, qu'il était impossible de ne pas le reconnaître au premier coup d'œil pour un homme, appartenant, par un lien quelconque, à l'*enragée boutique à procès.*

En effet, le personnage que nous mettons

en scène, — au début de cette seconde partie, — était membre de l'honorable corpo-
ration de messieurs les huissiers parisiens.

Il se nommait Lefranc, du nom de ses pè-
res, et Jules-Louis-Isidore, des noms de ses
trois patrons.

Possesseur de l'une des études les plus
achalandées de Paris, il regardait sa charge
comme un véritable sacerdoce et était le rigide
observateur du Code de procédure civile.

Le personnage qui marchait sur la seconde ligne et qui, par son extérieur et ses
manières, semblait servir de chaînon inter-
médiaire entre le premier et le dernier de
ses deux compagnons, était un jeune homme
du nom de Blondot, âgé d'environ vingt-

cinq ans et élevé récemment à la dignité de
second clerc.

Son costume, peu différent de celui de son
patron, attestait seulement de plus longs
états de service.

Le drap râpé et montrant la corde, — les
manches trop courtes, — l'habit et le pantalon maculés par les taches d'encre, — le
linge défraîchi, — le chapeau de noir devenu roux sous la triple action de l'air, de la
poussière et de la pluie, étaient autant de
chevrons indiquant un droit d'ancienneté
incontestable.

L'aspect général du visage dénotait un
tempérament bilieux et lymphatique,

comme les yeux fatigués et rougis annon-
çaient un travail assidu et opiniâtre.

Blondot était maigre, pâle, chétif, malin-
gre : toute l'énergie dont l'avait doué la
nature semblait s'être réfugiée dans son regard inquisiteur.

Il portait également un portefeuille sous
le bras gauche, mais ce portefeuille crevassé
indiquait de longs et loyaux services.

Quant au dernier des trois personnages
dont nous avons entrepris d'esquisser le portrait, sa physionomie, sa tournure et sa mise
contrastaient violemment avec la physionomie
la tournure et la mise des deux précédents.

Son visage, — rond comme une pleine

lune, percé par deux petits yeux égrillards à fleur de tête, et fendu horizontalement à sa partie inférieure par une bouche énorme aux lèvres épaisses et vermeilles, était re-couvert d'une forte nuance empourprée, depuis la naissance des cheveux jusqu'à l'extrême pli d'un triple menton retombant en cascades sur une cravate roulée en corde autour d'un col de taureau.

Une longue redingote, — de couleur oli-vâtre, — recouvrait un buste d'Hercule so--lidement établi sur une paire de jambes colossales, que terminaient des pieds dont la forme affectait celle des bateaux carrés de la Haute-Loire.

Marchant le dernier, — et à distance

convenable de son chef de file, — ce respec-table individu sifflait entre ses dents une barcarole d'opéra-comique, tout en décou-pant l'air, — de temps à autre, — à l'aide d'un vigoureux moulinet exécuté avec un jonc à pomme d'ivoire, que serrait une main large comme l'épaule d'un mouton qui eût remporté le prix au concours de Poissy.

Juste-Athanase Coquart, que nous venons de présenter à nos lecteurs, exerçait la pro-fession de *témoin d'occasion*.

Ici une explication nous semble nécessaire et nous nous empressons de la donner.

Connu et fort bien noté dans toutes les études de Paris, Coquart, ou plutôt le *père*

Coquart, — ainsi que l'appelaient les clercs, — était toujours prêt à apposer sa signature au bas de l'un de ces actes, pour la validité desquels la loi exige impérieusement l'attestation de la présence d'un tiers.

Moyennant rétribution, Coquart se transportait en outre partout où un officier public avait besoin d'un caudataire pour rendre légale l'opération qu'il allait exécuter.

Au reste, raconter l'histoire de la journée du père Coquart, sera raconter l'histoire de sa vie.

Cette journée se divisait en trois phases bien distinctes.

La première, — celle comprise entre six

heures du matin et une heure de l'après-midi,
— appartenait exclusivement au service de
messieurs les huissiers.

Peu de saisies importantes étaient faites
dans la capitale sans la présence du roi des
témoins officiels et officieux.

Nous disons *saisies importantes*, car le
père Coquart ne se dérangeait de sa personne que dans les circonstances remarquables.

S'agissait-il d'une petite opération prati-
quée chez de pauvres diables, dans quelqu'infime quartier, — Coquart se faisait
remplacer par un ami ; — mais était-il question d'une saisie opérée chez quelque fils de

famille en déroute, — chez quelqu'artiste en
renom brouillé avec dame Fortune, — chez
quelque reine de la bohême élégante en dé-
licatesse avec un créancier, — Coquart arrivait à l'heure dite, — le sourire aux lèvres,
la canne à la main, le chapeau marseillais sur
l'oreille gauche, — se mettant à la disposi-
tion de l'officier public qui, la veille, avait
fait réclamer son assistance.

L'habitude de la chose lui avait donné un
instinct, ou — pour mieux dire, — un flair
que lui enviaient les huissiers les plus re-
tors.

Tout en plaisantant, tout en animant l'o-
pération par quelques mots badins, par
quelques saillies bouffonnes, Coquart éven-

tait les plus adroites cachettes, indiquait de
l'œil, au patron, les bons coins où il fallait
fouiller, et donnait parfois même aux victi-
mes d'heureux conseils, ou d'aimables consolations.

Vers une heure, — à moins de circonstances exceptionnelles, — Coquart était libre,
rentrait chez lui, déjeunait, mettait une chemise fraîche, un gilet de velours, — brun
l'hiver, — de piqué blanc l'été, — passait
un habit bleu à boutons dorés et s'en allait
flâner, — tantôt dans la cour d'une mairie,
— tantôt dans celle d'une autre.

Lié avec les tambours de la garde nationale, — avec les garçons de salle, — avec
les bas employés, — il entamait une partie

de piquet, tout en ayant l'œil sur les gens qui entraient dans la grande salle.

Un seul regard lui suffisait pour savoir ce dont il s'agissait, et si l'on allait avoir besoin de son ministère.

Il appelait cela : *glaner.*

Déclaration de naissance, — déclaration de mort, — certificat de vie, — *et cætera,* — Coquart était là, toujours là, s'il manquait un témoin, prêt à prendre la plume et à illustrer de son seing les registres de l'état civil.

A la fermeture des bureaux, — vers quatre heures, — Coquart rentrait dans la vie privée.

Veuf et sans enfant, — il se laissait aller
à son faible pour l'estaminet, et, — grâce à
ses connaissances nombreuses parmi MM. les
entrepreneurs de succès dramatique, — il
manquait rarement une première représen-
tation, où ses mains herculéennes et sa voix
de stentor faisaient merveille pour chauffer
les entrées et appeler l'auteur.

Ajoutons encore que les jours où *la grande
saisie* ne donnait pas, Coquart s'habillait dès
le matin, — souliers vernis, — cravate
blanche, — chemise à jabot, — habit, gilet
et pantalon noirs, — gants beurre frais, —
chapeau gibus sous le bras, — chaîne de
montre serpentant sur la poitrine, — il flâ-
nait dans la grande salle de la mairie, causait avec les uns, — offrant une prise aux

autres, — agréable avec tout le monde, —
guettant les mariages retardés par l'absence
d'un témoin.

Rarement, il lui arrivait de faire buisson
creux.

Le plus souvent, charmé par ses dehors
engageants, l'époux, — dont il venait d'ai-
der à river la chaîne, — l'invitait à prendre
sa part de la *nopce et du festin*.

Coquart s'excusait avec embarras et refu-
sait juste assez pour paraître se faire violence, et ce soir-là, son concierge était obligé
de lui offrir l'appui de son bras pour le
réintégrer dans son domicile politique.

Eh bien ! qui le croirait ?

En dépit de cette existence émaillée de saisies, — de bons mots, de places au parterre des grands théâtres, — de festins, — de carambolages, — de chansons grivoises et de petits verres, — l'ambition de Coquart n'était pas encore satisfaite !

Coquart avait fait jadis un songe qui devait le poursuivre toute sa vie de son brillant et brûlant souvenir.

Il s'était vu, en rêve, transporté subitement à Hombourg, assis, — lui quatrième, — à une table de roulette, — tenant en main le *râteau* traditionnel, — et nageant au milieu d'un flot de pièces d'or et de billets de banque.

Trois fois, depuis ce moment, — dévoré qu'il était du désir de réaliser son rêve, — Coquart avait mis en œuvre tout son esprit d'intrigue ; il avait fait jouer tous les ressorts de ses connaissances les plus brillantes, et trois fois, — hélas ! il avait vu son ambition déçue.

Aussi, depuis ce jour, son existence était-elle incomplète, et s'il parvenait à oublier parfois, il se souvenait trop souvent pour sa quiétude morale.

Mais Coquart n'était pas homme à abandonner ainsi la partie.

Renversée trois fois, son espérance s'était relevée chaque fois plus forte et plus vivace.

Semblable à l'hydre mythologique, son ambition, — à chaque tête que la cruelle nécessité lui tranchait impitoyablement, — en sentait une autre repousser et s'attacher plus solidement encore aux épaules de son chimérique espoir.

Ainsi, le jour même où nous le mettons en scène, Coquart, plus persévérant que jamais, rêvait aux moyens de tenter une quatrième fois la fortune avec des chances moins incertaines, et d'obtenir enfin cette place de croupier si chaleureusement ambitionnée.

Tout en suivant M. Lefranc et son second clerc, — tout en sifflottant, — ainsi que nous l'avons dit, — un air d'opéra-comique,

— il ruminait un projet dont la réussite lui paraissait infaillible.

Son imagination en travail le transportant dans la sphère de l'avenir, — il avait oublié Paris. Il se voyait déjà installé à son poste, — lançant d'une main exercée la bille d'ivoire dans le cylindre de cuivre.

— Messieurs, faites vos jeux, — messieurs, les jeux sont faits. — Rien ne va plus, — se disait-il mentalement.

Et continuant, — tout éveillé, — le cours de son rêve de prédilection, — Coquart faisait les gestes d'un banquier tour à tour payant et ramassant l'argent des joueurs.

Malheureusement c'était sa canne qui lui servait de râteau et, — dans l'entraînement de la passion, — Coquart oubliant, et la longueur démesurée du jonc à pomme d'ivoire, et la présence de Blondot qui marchait à quelques pas devant lui, toucha brusquement le second clerc qui se retourna avec vivacité.

— Qu'y a-t-il? — demanda le jeune homme, croyant que le mouvement de Coquart avait été fait avec intention.

— Rien! — répondit celui-ci sans se réveiller complètement.

— Quel numéro?

— Trente, noir, pair et passe, — fit Coquart d'une voix grave.

— Que diable me chantez-vous là? — s'écria le second clerc en ébauchant un pâle sourire.

— Oh! mille pardons! — répondit Coquart ramené à la réalité par la vue de l'église de la Madeleine qui se dressait majestueusement devant lui. — Mille pardons, monsieur Blondot, je rêvais.

— C'est donc cela que vous me donnez des coups de canne?

— Des coups de canne?

— Parbleu!

— Je vous ai donné des coups de canne,
moi ?

— Mais oui !

— Par exemple !

— Que diable ! j'ai bien senti !

— Quoi !

— Eh ! votre canne !

— Ma canne ?

— Ah çà ! vous êtes donc sourd ? Je vous
dis que vous m'avez attrapé avec votre
canne !

— Mais j'en suis moralement incapable.

— Mais je l'ai physiquement senti.

— Désolé, ma parole d'honneur, désolé. C'était sans la moindre intention. — Il me semble que vous me faisiez l'honneur de me demander quelque chose ?

— Le numéro du client ?

— Vingt-sept, rue d'Anjou, à deux pas de la mairie.

— Quel numéro, — Blondot ? — demanda M. Lefranc qui s'était arrêté.

— Vingt-sept !

— Très-bien !

M. Lefranc reprit sa marche et M. Coquart son rêve un moment interrompu.

Tous trois, — l'un suivant l'autre, et le troisième cheminant à la suite des deux premiers, — se dirigèrent vers la rue de la Ville-l'Évêque.

II

Visite du matin.

Comme l'huissier, — qui tenait toujours
la tête de la petite colonne, — traversait la
place Malesherbes, — un homme très-élé-
gamment vêtu — venant de la rue de la Madeleine, — croisa M. Lefranc et ses compagnons.

L'huissier s'arrêta brusquement.

— Eh ! — fit-il, — monsieur Raymond !

Raymond, — car c'était lui, — s'arrêta également.

— Ah ! c'est vous ! — dit-il.

M. Lefranc salua une seconde fois.

— Où allez-vous ? — demanda Raymond.

— Travailler pour vous, — répondit Lefranc.

— Ah ! ah !

— Vous devinez ?

— Mais, il s'agit du vicomte ?

— Oui.

— C'est donc pour ce matin ?

— Comme vous voyez.

— Vous êtes bien en règle !

— Naturellement.

— Eh bien ! bonne chance !

Raymond lança du bout du doigt un salut léger, et fit un pas en avant comme pour continuer sa route.

M. Lefranc l'arrêta en lui posant respectueusement la main sur le bras.

— Pardon ! — dit-il.

— Quoi ? — fit Raymond.

— Je vais chez le vicomte...

— Je le sais bien.

— Faut-il être dur ?

Raymond le regarda fixement.

— Très-dur ! — dit-il.

— Et s'il parlait de vous ?

— Il ne me connaît pas.

— Mais...

— Quoi ?

— La créance...

— Est au nom du carrossier.

— Soit, mais elle est passée à votre ordre.

— Eh bien ?

— S'il voulait vous voir ?

— Rien ! de l'argent, voilà tout !

— Cependant si le vicomte se réclame de
vous, son premier créancier ?

— Je ne puis rien.

— Alors, il faut agir fermement ?

— Très-fermement.

— Bien !

Raymond secoua la tête et demeura en face de l'huissier sans faire un mouvement.

Il paraissait réfléchir.

— A propos, — reprit-il, — je vous ai envoyé des pièces, hier?

— Relatives à l'affaire Lambert d'Arcourt? — répondit Lefranc.

— Oui.

— Je les ai reçues.

— Avez-vous commencé à agir?

— Non. — J'attendais vos ordres.

— Ne perdez pas une minute.

— Il y a contrainte par corps?

— Certes !

— Il faut exécuter ?

— Rapidement.

— Mais l'adresse du débiteur ?

— Je l'ignore.

— On la saura, — fit l'huissier, — c'est l'affaire du garde de commerce. Mais je croyais le jugement d'Arcourt périmé ?

— Il ne l'est pas, et nous avons encore plus d'une année pour poursuivre.

— Ah ! parfait. Alors ?

— Poursuivez, et dès demain.

— Les gardes du commerce auront le dossier ce soir, et dès demain ils ouvriront la campagne.

— Prenez des gens adroits !

— Ils le sont tous.

— Il faut que ce Lambert soit coffré.

— Il le sera.

— Cependant, il sera peut-être difficile à trouver.

— C'est l'affaire du garde.

— Très-bien. — Je vous quitte.

— Vous n'avez pas d'autres ordres à donner, ce matin ?

— Non !

— Votre serviteur, alors.

— Au revoir, monsieur Lefranc !

— Au revoir, monsieur Raymond !

Les deux hommes se séparèrent, — Raymond continuant sa route vers le faubourg
Saint-Honoré, — M. Lefranc reprenant sa
marche vers la rue d'Anjou.

Après avoir atteint le faubourg , —
M. Raymond tourna à gauche, — atteignit
la rue Royale, et parut hésiter alors sur le
chemin qu'il devait prendre.

Interrogeant successivement des yeux, — la place de la Concorde d'abord, — celle de la Madeleine ensuite, — il demeura immobile sur le trottoir, — comme un homme qui n'a pas de détermination fixe sur ce qu'il veut faire.

— Quelle heure est-il ? — se demanda-t-il à lui-même.

Et il tira de la poche de son gilet une très-élégante montre dont il interrogea le cadran.

— Onze heures ! — reprit-il, — Julien m'attend...

Prenant alors une détermination, — il remonta la rue Royale et se dirigea vers le café situé au rez-de-chaussée de la maison formant l'angle de cette rue avec la place de la Madeleine.

Raymond pénétra dans l'établissement en homme habitué à se faire bien servir partout où il va.

Il parcourut la salle d'un regard rapide.

Plusieurs tables étaient occupées.

L'une d'elles,—voisine du vitrage donnant sur la place, — était véritablement surchargée d'une collection de mets des plus appétissants.

Un homme était assis devant la table et paraissait goûter, — en véritable gourmet,

— tous les remarquables produits de l'art culinaire qui l'entouraient.

Cet homme était Julien David.

Raymond se dirigea immédiatement vers lui.

Julien lui tendit la main, — sans se lever, — et appelant le garçon :

— Un couvert ! — dit-il simplement.

Raymond prit place.

— Quelles nouvelles ? — demanda Raymond.

— Excellentes ! — répondit Julien.

— Tu es content?

— Enchanté.

— Tu as vu Anténor?

— Oui.

— Eh bien?

— Il va un peu mieux, ce matin.

— Bon! — mais...

— Il partira demain soir,—ajouta Julien.

— Bah! tu l'as décidé?

— Sa mère l'a exigé.

— Parfait! Et. . . la jeune femme?

— Adolphine ?

— Oui.

— Eh bien ! elle ne connaît du mariage que les inconvénients d'avoir un mari malade.

Raymond regarda Julien.

— Tu en es sûr ? — dit-il.

— Très-sûr.

— Cependant...

— Buchené m'a raconté ce qui s'était passé ou, — du moins, — ce qui ne s'était pas passé.

— Comment ?

— Anténor, malade, a passé les jours et

les nuits, — depuis son mariage, — dans son ancienne chambre de garçon.

— Et sa femme?

— Elle est demeurée chez son père.

— Bravo !

— Tu ne l'as pas vue, — elle?

— Moi ?

— Oui.

— Non ! Il eût été imprudent que je visse Adolphine, — c'est pourquoi je l'ai laissé agir seul.

— Et toi, qu'as-tu fait de ton côté?

— Depuis hier ?

— Oui.

— J'ai activé l'affaire de Launay.

— Ah ! le petit vicomte ?

— Oui.

— On saisit ?

— Ce matin.

— Il est coulé ?

— Entièrement.

— Lui as-tu parlé ?

— Non, — pas avant, — cela n'eût avancé
à rien.

— Mais tu lui parleras, après?

— Naturellement. Au reste, — il est entre nos mains, pieds et poings liés.

— Donc, il remplacera Lambert au besoin?

— Oui, — mais, — pour bien faire, — il faudrait les avoir l'un et l'autre.

— C'est vrai.

— Et Lambert est introuvable.

— Pas de traces de lui?

— Aucune.

— Diable ! — c'est inquiétant.

— S'il se cache, — il se cache bien, — et s'il ne se cache pas, — le diable est contre nous.

— Cependant, il faut le trouver.

— Tout notre monde est en campagne.

— Et maître Lefranc ?

— Je viens de lui donner l'ordre d'agir. — Les gardes du commerce sont de fins limiers, et j'espère en eux.

— C'est que le terme approche ! — dit Julien en secouant la tête.

— Bast ! — fit Raymond, — nous serons prêts !

— Tu crois?

— Pardieu! N'avons-nous pas le principal, maintenant! La confiance de la vieille Marescot. L'appât du gain lui fera faire tout ce que nous voudrons qu'elle fasse.

— C'est vrai.

— Eh bien ! — à défaut de Lambert, — Adolphine et le vicomte nous suffisent.

— Oui, — mais il faudrait qu'Adolphine consente...

— Elle consentira !

— Tu en réponds?

— J'en fais mon affaire !

— Très-bien ! Alors à nous la victoire !

— Ah ! — fit Raymond, — c'est amusant de faire danser à sa guise tous ces pantins animés ! — A propos... et la femme de l'autre jour.

Julien secoua la tête.

— Pas de nouvelles ! — dit-il.

Raymond fit un mouvement d'humeur.

— Enfin ! — dit-il, — il faut que de ce côté aussi nous n'ayons rien à craindre.

.   .   .   .

Blondot et Coquart étaient demeurés immobiles durant le temps qu'avait eu lieu la conversation échangée.

Tous deux, — à distance l'un de l'autre, — avaient attendu patiemment la fin de l'entretien, sans faire un mouvement, sans dire un seul mot.

Coquart, — reprenant le cours de ses rêves dorés, — s'était vu de nouveau assis en *croupier-tailleur* d'une table de jeu, et sa main, — remuant au fond de sa poche les gros sous qui y dansaient, — s'était plongée, par la pensée, dans un flot de pièces d'or.

En ce moment onze heures sonnaient à la mairie du premier arrondissement.

Les trois hommes achevèrent de traverser

la petite place Malesherbes et s'engagèrent dans la rue de la Ville-l'Évêque.

— Tiens ! une noce ! — s'écria Coquart en voyant arriver au grand trot, par la place de la Madeleine, cinq voitures assez élégantes. — Eh bien ! non, — continua-t-il avec une minute de réflexion, — je me trompe. Elles sont vides.

En effet, les cinq voitures que venait de signaler le futur complice d'un Bénazet quelconque, étaient complètement veuves de promeneurs.

C'était cinq grandes calèches assez convenablement attelées et sorties évidemment, depuis quelques instants à peine, des remises d'un loueur à la mode, car les caisses étaient pures de toute macule,—les harnais reluisaient brillamment au soleil, — le poil des chevaux était sec et leurs sabots d'un noir parfait.

Les cinq équipages passèrent rapidement, à la file, devant les trois hommes, suivant la même direction que celle qu'ils avaient prise.

Arrivés à l'angle de la rue d'Anjou, les cochers hésitèrent un moment, puis tournèrent à gauche et s'arrêtèrent presque aussitôt devant une maison d'assez belle apparence.

— Tiens ! — Elles s'arrêtent devant l'immeuble de notre particulier, — fit observer

le père Coquart qui avait hâté le pas pour
ne point quitter de l'œil les calèches.

Le cocher de la première voiture posa
son fouet sur le dôme, — descendit lentement, — pendant que ses camarades demeuraient immobiles sur leur siége, — jeta un
coup d'œil sur l'ensemble, et franchit le
seuil de la porte cochère que surmontait le
numéro indiqué par le père Coquart.

— M. le vicomte de Launay ? — demanda-
t-il en s'adressant au concierge.

— C'est ici. — Il est chez lui.

— Bon ! mais je ne peux pas monter.
Faudrait lui faire dire que les cinq calèches
qu'il a commandées hier sont en bas.

— Je vais y monter, moi ! — répondit le concierge en s'arrachant des bras d'un fauteuil en cuir verdâtre qui faisait le plus bel ornement de sa loge.

Après avoir refermé sa porte, — dont il mit soigneusement la clef dans sa poche, — le digne homme ouvrit sa tabatière, — y puisa largement, tout en examinant les voitures et, — faisant un demi-tour sur lui-même, — il s'apprêtait à gagner le vestibule de l'escalier, lorsque le bruit de plusieurs pas, retentissant tout à coup sous la voûte de la porte cochère, l'arrêta brusquement dans sa marche.

— Que demandent ces messieurs? — fit-il en s'adressant à M. Lefranc et à ses deux compagnons qui venaient de pénétrer dans la maison.

— M. de Launay ? — demanda l'huissier.

— Il est chez lui, mais je ne crois pas qu'il reçoive. Il a du monde.

— Oh ! nous autres, on nous reçoit toujours, — répondit en riant le père Coquart, — Quel étage ?

— Deuxième au-dessus de l'entresol.

Et comme les trois personnages, traversant le vestibule, gravissaient les premières marches de l'escalier avec une agilité de mauvaise augure :

— Tiens ! tiens ! — pensa le concierge

en les suivant du regard. — On dirait que
ça sent le brûlé ! Faudrait voir. — Je vas
monter annoncer les voitures, et je saurai
bien à quoi m'en tenir.

Allons ! qu'est-ce que c'est encore ? —
continua-t-il en s'arrêtant de nouveau pour
s'adresser à deux jeunes gens qui, revêtus
de la veste blanche et coiffés du béret traditionnel, introduisaient dans la maison une
énorme manne en osier pleine de casseroles
de cuivre, de moules en fer blanc et de
vases de formes fantastiques.

— M. de Launay ? — demanda le premier
des deux garçons pâtissiers.

— L'escalier de service, dans la cour, —

deuxième étage au-dessus de l'entresol, —
répondit le concierge.

Eh bien ! tout de même, ça va être drôle,
— fit-il en reprenant son monologue interrompu et en s'apprêtant à gravir les marches de l'escalier.

Des calèches à la porte, des invités là-
haut, des pâtissiers dans l'escalier de service et des huissiers dans le grand escalier.

Ce pauvre jeune homme !

Il paraît qu'il est dans la débine. Joseph
me l'avait dit.

C'est malheureux ! Un garçon qui avait la
pièce de cinq francs si facile.

Bah ! après tout ! qu'il s'arrange !

Et sur cette conclusion éminemment philosophique , le digne concierge continua son ascension, tout en prêtant l'oreille au bruit qu'il pensait devoir se faire à l'étage supérieur.

III

Un déjeuner de garçons.

L'appartement occupé par le vicomte de
Launay était grand, vaste, parfaitement dis-
tribué et richement meublé.

Le salon, le fumoir, la chambre à coucher
éclairés sur la rue offraient, jusque dans les

moindres détails, le témoignage certain d'un luxe bien compris et d'un confortable bien entendu.

L'antichambre, le cabinet de toilette et la salle à manger prenaient jour sur la cour.

La cuisine et l'office étaient situés en retour.

A l'heure où nous faisons pénétrer le lecteur dans l'appartement du vicomte, les trois pièces situées sur le devant de la maison étaient complètement désertes, mais elles présentaient, toutes trois, des indices non équivoques attestant la présence de nombreux visiteurs.

Ainsi, — dans les angles du salon, — on

apercevait çà et là de ces petites cannes élégantes, aux pommes finement ciselées, qui servent à la fois de cravaches pour monter à cheval, et de maintien pour flâner sur le boulevard. Le marbre des meubles de marquetterie qui garnissaient les entre-deux des fenêtres était encombré de chapeaux posés en pyramide.

Sur le large divan du boudoir, deux pardessus d'été gisaient étendus en compagnie d'un crêpe de Chine aux couleurs vives et criardes, aux longues franges soyeuses, jeté sur le meuble avec une négligence telle que les trois quarts du précieux tissu traînaient sur le parquet.

Si le salon avait été exclusivement réservé

aux dépouilles du sexe masculin, la chambre à coucher, elle, était devenue la propriété de la garde-robe féminine.

Le lit disparaissait littéralement sous des flots de dentelles, de burnous, de vêtements de toutes sortes et de toutes formes, tandis que chacune des saillies offertes par l'ameublement, telles que les espagnolettes des croisées, les ornements de bronze doré, retenant les embrasses des rideaux, les boules sculptées surmontant les dossiers du lit, avaient été convertis en autant de patères, et coiffés par ces chapeaux mignons qu'affectionne aujourd'hui la mode parisienne.

Sur la cheminée : des éventails, des flacons, des gants roulés, des ombrelles.

Partout enfin un désordre charmant, attestant la présence de femmes élégantes et
coquettes.

L'on a deviné sans doute que si les pièces
dont nous venons de parler étaient calmes
et solitaires, il ne devait pas en être de
même de celles qu'il nous reste à visiter.

La salle à manger, en effet, resplendissait de bruit et de lumières.

Vingt convives étaient assis autour d'une
table savamment servie.

Par un luxe, — que la modicité du prix
de l'éclairage a mis à la portée de toutes les
classes de la société, — la nuit la plus com-
plète avait été faite dans cette salle, et des

flots de lumière, — jaillissant des bougies, — projetaient leurs rayons sur les cristaux et sur l'argenterie qui recouvraient la table.

Presque tous les hommes étaient jeunes encore et appartenaient à ce monde oisif et dissipateur dont l'utilité, — par rapport à l'organisation de la société moderne, — ne saurait être mieux comparée qu'à celle de ces machines ingénieuses qui puisent l'eau dans de vastes réservoirs, et la lancent ensuite sur la terre, — que cette eau rafraîchit et féconde.

Seulement, — au lieu d'eau, — c'est de l'or que cette jeunesse irréfléchie et insatiable puise à droite pour lancer à gauche, et ce qu'elle arrose, — ce n'est pas la terre

— mais bien le commerce parisien, qui fait le gros dos en recevant l'averse bienfaisante.

Parmi ces hommes se trouvaient quelques-uns de ceux que nous avons mis en scène au début de ce récit, alors que nous avons conduit le lecteur chez Charles de Rueil.

C'était Charles d'abord, — puis Lucien, — son ami, — puis les autres jeunes gens qui avaient fêté, — rue Neuve-des-Mathurins, — l'anniversaire de la naissance de M. de Rueil.

Quant aux femmes, elles étaient jeunes, jolies et bien mises.

C'est là tout ce que nous pouvons en dire.

Au moment où les calèches s'arrêtaient
devant la porte de la maison, — le déjeuner
avait atteint l'apogée de sa gaîté, et tirait à
sa fin.

La conversation avait dégénéré en tumulte
général.

L'un des convives surtout, placé au centre
de la table, se faisait remarquer par l'entrain
de sa gaîté communicative

C'était un homme de vingt-huit ans environ, — aux gestes élégants, — à la physionomie gracieuse, — aux manières distin-
guées.

A la façon dont il faisait, — avec une habitude pleine d'aisance, — les honneurs de

la table, — au respect, — avec lequel les nombreux valets recevaient, en se courbant, ses ordres donnés à voix basse, — on reconnaissait facilement en lui, le maître de la maison.

Effectivement, ce jeune homme se nommait Georges de Trévoux, vicomte de Launay.

Il était d'une ancienne et excellente famille du Poitou, anoblie sous Henri III pour services rendus à la couronne de France durant les guerres civiles.

Sans être beau, — dans le sens exact du mot, — le vicomte pouvait, — à bon droit, — passer pour un agréable cavalier.

Ses yeux noirs, au regard expressif, animaient un visage dont l'ensemble exprimait l'intelligence et la bonté.

Assis à table, entre deux jeunes femmes au sourire hardi et aux allures vives, — Georges s'efforçait de provoquer l'animation générale, — interpellant tour à tour chacun de ses convives, — lançant des saillies spirituelles, — riant lui-même à chaque bon mot qu'il faisait naître.

Aussi entendait-on s'écrier à la ronde :

— Que ce Georges est amusant !

— Qu'il est gai !

— Quel charmant amphytrion !

Le vicomte, en effet, paraissait être d'une gaîté folle.

Cependant, si, — parmi ceux qui l'entouraient, — il se fût trouvé un homme à l'esprit froid et observateur, — cet homme eût certainement remarqué que la joie du vicomte de Launay avait quelque chose de fiévreux, qui en rendait l'expansion pénible. -

Georges riait aux éclats en se renversant sur le dossier de sa chaise, — mais le rire ne s'était pas encore éteint sur ses lèvres que son front s'assombrissait tout à coup, et que deux plis parallèles se creusaient subitement entre ses sourcils rapprochés.

Alors sa tête s'inclinait sur son épaule,

— une expression douloureuse envahissait sa physionomie, — son œil fixe regardait sans voir, — tandis que sa main crispée pressait à le briser le manche d'ivoire de son couteau à lame d'argent.

Mais ce moment de tristesse traversait son visage avec plus de rapidité que l'éclair ne traverse les nues pendant une belle nuit d'été.

Il passait sa main brûlante sur son front et reprenait promptement ses allures gaies et son entrain communicatif.

— Mes amis ! — s'écria-t-il tandis que les domestiques dressaient sur la nappe, toute maculée de débris, les pièces montées du dessert, — mes amis, n'oubliez pas une chose que vous savez tous...

— Si nous la savons tous, ce n'est pas la peine que tu nous en fasses souvenir, — interrompit un jeune homme blond de cheveux, de moustaches et de favoris, — dont la figure pâle et efféminée indiquait une existence de veilles et d'orgies, et que nous avons rencontré précédemment déjà chez Charles de Rueil.

— Silence, Laubespin ! — s'écria un autre convive. — Laisse parler Georges.

— Qu'il parle en chantant, — c'est plus gai ! — dit l'une des voisines de Georges qui avait des prétentions à entrer dans les chœurs de l'Opéra.

— Du tout! La chanson est morte, — le vaudeville est enterré! — répondit un autre convive fort connu dans le monde parisien sous le nom du baron Henri de Ribes, — qui assistait également quelques jours auparavant au déjeuner de Charles.

— Je demande quelques minutes d'attention! — reprit Georges en se levant.

— Nous t'écoutons tous.

— La parole est à Georges.

— Fais-nous un discours en trois points.

— Raconte-nous une histoire.

Et vingt autres interpellations, — se croisant d'un bout de la table à l'autre, — auxquelles succéda enfin un semblant de silence, dont Georges profita habilement.

— Mes amis, — dit-il en élevant son verre, — ce déjeuner étant mon dernier repas à Paris, et mes adieux à la vie élégante, — je bois à vous tous, — qui êtes accourus à mon appel, — et je vous remercie de vos dernières marques de sympathie pour moi !

— A Georges ! — s'écrièrent les convives en choquant contre le verre du vicomte leurs verres remplis à déborder. — A Georges!— à son prompt retour parmi nous!

— Ah çà ! est-ce que vous croyez à cette mauvaise plaisanterie-là , vous autres? — dit Gaston en reposant sur la table le verre qu'il venait de vider.

— Quelle plaisanterie ?— demanda Georges.

— Parbleu ! celle de ton départ. — Elle a assez duré, mon bon. — Passons à un autre exercice.

— Avoue que tu nous as mystifiés ? — ajouta Max Dorcy.

— Que tu restes à Paris, — dit Lucien.

— Et que vous gardez votre abonnement à l'Opéra, — fit une jeune femme à la taille élancée qui commençait à se poser au premier rang du corps de ballet.

— De Rueil, — fit Georges en s'adressant à son convive, le protecteur de Lambert, et qui était placé en face de lui, — vous m'a-

vez répété tout à l'heure, que vous aviez con-
servé ma lettre d'invitation ?

— Sans doute. — Je veux la faire mettre
sous verre par curiosité, — répondit Charles.

— Eh bien ! faites-moi le plaisir de la
lire à haute et intelligible voix, puisque ces
messieurs et ces dames en ont oublié la te-
neur, comme dirait mon notaire.

— Soit ! — répondit Charles.

Et prenant dans la poche de son habit une
lettre imprimée qu'il ouvrit lentement :

— Prenez vos mouchoirs, — laissez cou-
ler vos larmes, — dit-il en riant, — ne faites pas de bruit et écoutez !

Prenant alors une pose comique, il commença :

« *Monsieur ou madame...*

« (Suivant le sexe).

« *Vous êtes prié d'assister aux convoi, ser-* « *vice et enterrement de la* FORTUNE DE MON- « SIEUR GEORGES DE TRÉVOUX, VICOMTE DE LAU- « NAY, *décédée à la fleur de l'âge, — un peu* « *partout en général et — en particulier, —* « *dans la maison sise à Paris* (style de pro- « priétaire), *rue d'Anjou Saint-Honoré, nu-* « *méro vingt-sept.*

« *Le repas des funérailles aura lieu dans* « *la maison mortuaire.*

« *On se réunira à dix heures très-précises*
« *du matin.*

« *Il y aura des voitures à la porte pour les*
« *personnes des deux sexes qui désireraient*
« *suivre le corps jusque dans les bois de Ville-*
« *d'Avray où il sera inhumé.*

« *Le deuil n'est pas de rigueur.*

« *Paris, le 25 mai 1855.*

— Bravo ! — s'écrièrent les convives.

— Eh bien ! — demanda Georges, —êtes-
vous convaincus?

— Convaincus que tu t'es moqué de nous?

— Oui ! — répondit Lucien.

— Vous ne voulez pas croire à ma ruine ?

— Non ! non ! non ! — vociféra le chœur des invités.

— Vous faut-il donc des preuves ?

— Oui.

— J'ai des dettes !

Un éclat de rire général accueillit la déclaration du vicomte.

— Nous en avons tous des dettes, — s'écria Gaston, — et personne de nous n'est ruiné !

— Au contraire ! — ajouta Max.

— La dette est une fortune ! — dit Henri de Ribes.

— Inépuisable ! — fit Max.

— La seule qui soit à la portée de tout le monde.

— Et la plus facile à acquérir.

— Donc, — si tu as des dettes, — tu es riche !

— C'est évident !

— J'ai vendu mes propriétés, — reprit Georges.

— Ça ne prouve rien, — dirent les convives.

— J'ai des masses de papiers timbrés.

— Plaisanterie ! — fit Lucien.

— Je vais vendre mes écuries.

— Tu rachèteras d'autres chevaux.

— J'ai mis deux jours de suite la même paire de gants !

— Tu deviens avare !

— Mais quand je vous affirme...

— Nous ne te croyons pas ! — interrompit Gaston.

— Est-ce qu'un homme ruiné donne des déjeuners pareils ! — fit observer la danseuse. — Des cristaux superbes, — de l'argenterie massive ! — Des vins excellents.

— Dernier argument ! — s'écria Laubespin. — Et je vais te prouver que tu mens comme un dentiste. — Si tu étais bien et dûment ruiné, — comme tu veux bien le dire, — aucune de ces dames ne serait ici. Elles ont du flair pour ces sortes de chose, j'en réponds.

— A la porte Laubespin !

— C'est une horreur !

— C'est une infamie !

— Une calomnie !

Et toutes les femmes, — jouant une fureur qu'elles étaient loin de ressentir, — car, au fond, elles trouvaient très-juste l'argument émis par Gaston, — toutes les femmes ne poussèrent qu'un même cri d'indignation.

— Calmez-vous, mes charmantes, — hurla Max Dorcy en essayant de couvrir les voix glapissantes des femmes qui criaient toutes ensemble. — Calmez-vous ! Nous connaissons tous votre désintéressement.

— Eh bien ! puisque vous ne voulez pas croire à ma ruine, — dit le vicomte en dominant le bruit, — buvons donc, buvons jusqu'à ma dernière bouteille de champagne et attendons l'avenir. — Qui vivra, verra !

— Bravo !

— Buvons !

Dès ce moment le déjeuner tourna rapidement à l'orgie.

Hommes et femmes, le teint animé, les lèvres humides, criaient, parlaient, buvaient et chantaient à qui mieux mieux.

Les domestiques avaient battu en retraite et s'étaient attablés à leur tour dans l'office, où la desserte de la table des maîtres leur permettait encore de faire un ample festin.

Dans la salle à manger le tumulte était à son comble, lorsqu'un coup de sonnette retentit violemment.

Un domestique s'élança pour aller ouvrir.

— Je n'y suis pour personne ! — s'écria Georges.

Le valet sortit, demeura quelques instants dans l'antichambre, puis on entendit la porte du salon s'ouvrir et se refermer.

Le domestique rentra tout effaré et s'approchant du vicomte, il lui parla bas.

— Qu'est-ce que tu dis ? — fit celui-ci en devenant très-pâle.

Le valet répéta de nouveau à l'oreille de son maître, la phrase qu'il venait de prononcer.

Georges bondit sur son siége, s'élança vers un trophée d'armes de chasse qui ornait la muraille, saisit une cravache de course qui s'y trouvait accrochée et poussa violemment la porte du salon.

Sur la table de Boule qui formait le centre de la pièce, il aperçut Blondot griffonnant déjà sur du papier timbré, tandis que M⁰ Lefranc paraissait inventorier le mobilier et que Coquart, moelleusement étendu dans un large fauteuil, dessinait, — à l'aide du bout de sa canne, — des arabesques sur le tapis.

IV

L'huissier.

— Que venez-vous faire chez moi — s'écria Georges avec violence et en éparpillant à l'aide d'un vigoureux coup de cravache les papiers que Blondot avait étalés devant lui.

— Blondot, — dit vivement M° Lefranc,

tandis que Coquart s'avançait vers le vicomte, — prenez une feuille de papier timbré et apprêtez-vous à dresser procès-verbal.
Code de procédure civile, livre I, titre VI,
article 555...

— Sortez de chez moi ! — continua Georges en repoussant violemment le témoin.

— Écrivez, Blondot ! Article 555 : « L'of-
« ficier insulté dans l'exercice de ses fonc-
« tions dressera procès-verbal de rébellion ;
« il sera procédé suivant les règles établies
« par le Code d'instruction criminelle »

— Voyons ! voyons ! — disait Coquart en
s'adressant au vicomte. — Du calme ! jeune
homme, du calme, — pour une saisie on

n'en meurt pas. — L'affaire s'arrangera. — Vous verrez votre créancier...

Loin de se calmer la fureur de Georges semblait augmenter de minute en minute.

M⁰ Lefranc, toujours impassible, continuait à dicter à son second clerc, les articles du Code relatifs à la situation.

— Monsieur, — dit-il froidement à Georges, — je vous engage à réfléchir avant de vous laisser enporter davantage.

Je consens encore à oublier le mouvement d'humeur que vous avez accompli, et que je ne puis attribuer qu'à une perturbation morale, causée dans votre esprit par le déjeuner que vous venez de faire.

Dans le cas contraire, je serais contraint, — bien qu'avec regrets, — à avoir recours à la force armée.

La loi est précise à cet égard et l'équivoque impossible :

Article 785. — Titre XV :

« En cas de rébellion, l'huissier pourra « établir garnison aux portes pour empê- « cher l'évasion et requérir la force armée : « et le débiteur sera poursuivi conformé- « ment aux dispositions du Code d'instruc- « tion criminelle. »

M° Lefranc aurait pu continuer à parler longtemps encore sans être interrompu.

Un nuage pourpre venait de passer sur

les yeux du vicomte qui s'était laissé tomber dans un fauteuil.

Ses lèvres décolorées murmuraient :

— J'aime mieux la mort qu'une pareille humiliation.

Le salon présentait alors un coup d'œil des plus étranges.

Blondot écrivait, appuyé sur la table de Boule.

M⁰ Lefranc, une main posée sur cette même table, demeurait debout prêt à continuer son procès-verbal.

Georges, — sans mouvement, — et brisé par la honte, était étendu dans un fauteuil

sur le dos duquel Coquart s'était familière-
ment accoté, et prodiguant au jeune homme
toute la série de ses consolations banales.

Les invités avaient quitté pêle-mêle la
salle à manger et demeuraient stupéfaits à
l'entrée du salon.

Au fond, quelques domestiques, — mon-
tés sur des chaises pour mieux voir, — do-
minaient les assistants et formaient le dernier plan du tableau.

— Qu'y a-t-il donc ? — demanda Charles
en s'avançant.

— Il y a, — s'écria Georges en se relevant subitement, — il y a qu'en dépit

de parole donnée et d'arrangements con-
venus, ces misérables usuriers se permet-
tent d'envoyer des huissiers chez moi.

— Mais alors, s'il y a des arrangements,
comme l'affirme le vicomte, — reprit Charles en s'adressant à M⁰ Lefranc, — il me
semble que...

— Pardon, monsieur, — interrompit
l'huissier. — Les arrangements, s'ils exis-
tent, ne me regardent en aucune façon.

Je ne suis ici, — ni créancier, — ni porteur de titres contestables.

Je suis huissier et je poursuis M. de Launay en vertu d'ordres reçus de mes clients.

Je comprends la situation pénible de monsieur, mais je n'y puis malheureusement rien.

J'obéis au devoir de ma charge.

C'est pourquoi je conseille vivement à monsieur le vicomte, — et cela pour lui-même, — pour lui seul, — de ne pas aggraver sa position en faisant rébellion à la loi.

— Il a raison, mon pauvre ami, — dit Laubespin en s'adressant à Georges.

— Écoutez les conseils de M. de Laubespin, — ajouta en riant le père Coquart. — En fait de saisies, il s'y connaît.

— Comment, c'est vous, vieux drôle? —

s'écria le jeune homme en frappant sur l'é-
paule du témoin officiel. — Je vous croyais
à Bade ou à Hombourg.

— Hélas ! monsieur le vicomte, je n'ai
pas encore pu réussir, mais si c'était un
effet de votre complaisance d'en toucher
deux mots à M. Bénazet quand vous irez à
Bade...

— C'est bon. — Je vous le promets.

Pendant ce temps, Mᵉ Lefranc avait fouillé
minutieusement dans son grand portefeuille
noir et en avait retiré une liasse de papiers
timbrés, enveloppés dans une couverture
de papier bleu, sur laquelle étaient impri-
més son nom et son adresse.

— Voici les pièces, — dit-il en s'adressant à Georges chez qui le calme était complètement revenu.

« Premièrement, un billet à ordre sous-
« crit par vous au profit de MM. Hermann,
« Crœmer et compagnie, carrossiers à Pa-
« ris, montant à la somme de quatre mille
« francs et payable le 15 mars dernier.

« Protesté le 17 dont acte enregistré.

« Puis viennent : une assignation au tri-
« bunal de commerce du département de la
« Seine.

« Un jugement rendu par défaut et si-
« gnifié à qui de droit.

« Un commandement de payer dans les

« vingt-quatre heures, faute de quoi il sera
« procédé à la saisie-exécution.

« Or, l'effet du commandement étant de-
« meuré nul, je suis obligé d'agir aujour-
« d'hui.

« Vous voyez, monsieur, que tout est par-
« faitement en règle. »

— En effet, — répondit Georges, — il n'y
manque rien. — Faites donc, monsieur,
je ne m'oppose plus à rien. Saisissez tout ce
qu'il y a ici.

— Un instant! — s'écria une jeune femme
en s'élançant rapidement du côté de la
chambre à coucher. — Et nos dentelles?

— C'est juste, — dit l'huissier en souriant, — si monsieur le vicomte veut bien accompagner ces dames, je n'entrerai même pas. Je m'en rapporte à lui pour ne rien soustraire du mobilier.

— Je vous remercie, monsieur, — répondit Georges en se levant.

— Sauvez la caisse ! — lui glissa dans l'oreille le père Coquart, pendant que les femmes se précipitaient dans la chambre et dans le boudoir.

Georges les suivit.

S'assurant par un coup d'œil rapide que toutes étaient trop occupées pour faire attention à lui, — il décrocha un petit portrait appendu à la muraille près de la glace de la cheminée, et, — saisissant de l'autre main une boîte de forme carrée et très-plate, — il cacha vivement les deux objets en les enfonçant sous le couvre-pieds du lit.

Puis il rentra dans le salon.

— Maintenant, — dit-il en s'adressant à ses convives, — tandis que ces messieurs vont opérer de ce côté, rentrons dans la salle et terminons le déjeuner.

— Bravo !—s'écria-t-on de toutes parts.— Voilà ce qui s'appelle bien prendre les choses.

Quelques minutes après, tous les convives avaient repris leur place, à l'exception de Charles et de Lucien qui étaient demeurés dans la même pièce que l'huissier, — mais personne, — parmi les convives, — ne prit garde à leur absence, car l'arrivée inattendue de Mᵉ Lefranc avait singulièrement agité tous les esprits.

Les portes du salon étaient refermées et on entendait de temps à autre la voix grêle de l'huissier qui inventoriait le mobilier, tandis que son clerc écrivait rapidement sous sa dictée.

Georges avait repris toute sa gaîté fébrile.

— Les huissiers au dessert, — dit-il en riant d'un rire nerveux, — c'est plus que je ne vous avais promis.

Ce sont les croquemorts de ma fortune.

J'espère que rien n'aura manqué à ses funérailles.

Maintenant, êtes-vous convaincus ?

— C'est donc vrai ?—demanda Laubespin.

— Tout ce qu'il y a de plus vrai.

— Tu es ruiné ?

— Complètement.

— Il ne te reste rien ?

— Pas un coin de terre.

— Que diable as-tu pu faire pour manger tant d'argent ? — demanda Max Dorcy.

— J'ai fait ce que vous faites tous : des sottises.

J'ai donné des diamants et des voitures à ces dames.

J'ai joué, — j'ai prêté de l'argent, et surtout j'en ai emprunté.

C'est bien simple et mon histoire est facile à raconter.

— Eh bien ! raconte-nous-la !

— Volontiers.

— Nous t'écoutons.

— Vous savez tous que je porte **un** des

plus vieux noms du Poitou? — commença Georges en s'accoudant sur la table.

— Un canapé en damas de soie couleur cerise ! — cria Me Lefranc, dont la voix arriva distinctement jusqu'aux convives au milieu du silence causé par l'attention que l'on prêtait au vicomte.

Celui-ci tressaillit, — puis continua.

— A vingt ans, j'avais perdu mes parents, — j'étais émancipé et possesseur d'une fortune de quarante mille livres de rente, — dont le capital s'étendait au soleil à cheval sur la Loire.

— Passez-moi du Constance, Alfred, — interrompit une femme en tendant son verre et en s'adressant à l'un de ses voisins. — Je meurs de soif.

— Julie n'est pas une femme, c'est une éponge ! — dit Laubespin en riant.

— Vous n'avez pas le droit de parler, mon petit, car vous ne m'avez jamais invitée à dîner.

— J'attends une année où la récolte soit abondante, — pour en tenter l'expérience, — riposta Laubespin en riant de plus belle.

— Une table ovale, aux ornements de cuivre doré ! — disait l'huissier dans la pièce voisine.

— La suite de l'histoire? — demanda Max.

— L'histoire est finie, — répondit Georges. — Le capital des quarante mille livres
de rente est toujours arrosé par les eaux du
fleuve, — toujours éclairé par les rayons du
soleil. — Seulement le revenu est passé en
d'autres mains.

Voilà tout !

— Et maintenant que tu es *fini*, qu'est-ce
que tu comptes faire ?

— Mon plan est arrêté.

— Tu vas te faire soldat ?

— Ma foi non ! j'ai trop d'indépendance
dans le cœur pour endosser l'uniforme. Et
puis où cela me mènerait-il ? A être capi-
taine dans quinze ans. — Merci bien !

— Tu vas demander une place ?

— Rester à Paris pauvre, après y avoir vécu riche ! — Jamais. Je cotoierais sans cesse l'humiliation et l'arrogance des imbéciles.

— Tu te feras boursier ?

— Boursier ! Allons donc ! Je n'ai plus d'argent pour acheter des gants et j'aime à montrer mes mains propres et nettes.

— Tu vas partir en voyage, alors ! — dit Laubespin en vidant lentement son verre.

— Oui, — répondit Georges d'une voix grave. — Je vais entreprendre une longue pérégrination.

— En Californie?

— Non.

— En Australie.

— Pas davantage.

— Où donc alors?

— C'est mon secret.

— Deux verres du Japon, une coupe en bronze, deux candélabres en bronze doré, — disait de nouveau la voix de M* Lefranc.

De tous ces gens qui la veille encore ne parlaient de Georges qu'en le nommant : leur très-cher, — leur ami, — leur intime, — leur excellent camarade, —aucun ne paraissait prendre souci de la position étrange et malheureuse dans laquelle se trouvait le jeune homme.

Chacun riait, fumait, buvait, répondait aux agaceries des femmes, sans prêter la moindre attention à la voix perçante de l'huissier qui, — cependant, — parvenait à tout moment jusqu'à eux.

Quand nous disons, — chacun des convives de Georges, — nous n'entendons parler, — naturellement, — que de ceux qui étaient alors dans la salle à manger.

Charles et Lucien, — nous l'avons dit, — étaient demeurés dans le salon.

Charles et Lucien, — depuis l'instant ou

Mᵉ Lefranc, son clerc et son *témoin*, —
avaient fait leur apparition aux yeux stupéfaits des invités,—Charles et Lucien avaient
paru douloureusement affectés par la scène
étrange qui se déroulait si inopinément devant eux.

Tous deux avaient suivi d'un regard som-
bre les différentes péripéties du petit drame
qui se jouait, et lorsque tous les convives,
— entraînés par Georges, — avaient regagné la salle à manger pour reprendre le déjeuner interrompu, ils étaient, - eux, —
demeurés dans un angle du salon.

— Te doutais-tu de ce qui arrive, toi? —
demanda Lucien à Charles.

— Oui et non, — répondit M. de Rueil.

— Comment ?

— Je me doutais de la position précaire de Georges, — mais, — tout en le croyant dans une voie mauvaise, je ne le pensais pas si près du fossé.

— C'est fâcheux ! — dit Lucien.

— Sans nul doute !

— Georges est un bon garçon.

— Un excellent cœur.

— Son seul tort est de s'être laissé gruger.

— Tort commun à beaucoup de bonnes natures.

— Et sa famille ?

— Il n'en a plus.

— Je croyais qu'il avait encore un frère?

— Il est mort il y a deux ans.

— De sorte que Georges est seul ?

— Absolument seul.

Un court silence avait suivi cet échange
de réflexions, — silence qu'avaient troublé
la voix de Mᵉ Lefranc, appelant l'inventaire du mobilier, et le grattement de la
plume du clerc courant sur le papier timbré.

— Pauvre Georges ! — reprit Lucien. —

Un beau nom encore qui va tomber dans la boue de la misère.

— Les de Launay sont de vieille souche, — dit Charles.

— Pardieu ! je le crois bien.

— Mais, — reprit Charles, — tout n'est peut-être pas perdu encore.

— Ah ! je crains que tout ne soit fini !

— Cependant Georges est gai.

— Il s'étourdit !

— Tu crois ?

— Je l'ai étudié pendant le déjeuner, et j'ai surpris des crispations dans ses traits, qui décelaient toute l'amertume de ses pensées. Il est perdu et il le sait.

— Ses créanciers ne seraient peut-être pas impitoyables.

— C'est possible.

— S'il obtenait du temps, en travaillant, il pourrait encore se créer un avenir.

— Mais ce temps, il faut l'obtenir !

— Qu'il voie ses créanciers.

— Je connais Georges, il ne les verra pas.

— Eh bien ! — dit vivement Charles, — si nous les voyions, nous ?

Lucien regarda son ami.

— C'est une bonne pensée, — dit-il.

— Veux-tu la mettre à exécution? — demanda Charles.

— Volontiers.

— Eh bien! commençons tout de suite. Parlons à l'huissier, et obtenons de lui qu'il arrête la saisie commencée.

Lucien fit un signe d'assentiment, et les deux jeunes gens s'avancèrent vers maître Lefranc.

— Monsieur, — lui dit Charles, — nous venons à vous dans des intentions conciliatrices...

L'huissier se redressa.

— Vous voulez payer? — dit-il.

— Non, mais...

— Vous voulez vous porter caution ?

— Peut-être, — dit Lucien.

— Je ne puis accepter.

— Pourquoi ?

— J'ai ordre de poursuivre.

— Ordre de qui ?

— Du créancier.

— Ah çà ! — dit Charles, — depuis quand Hermann est-il devenu aussi farouche ? C'est mon carrossier aussi, — à moi, — et je suis certain qu'à ma considération...

— Pardon, — interrompit M° Lefranc,
— il ne s'agit pas de MM. Hermann, Crœmer
et compagnie.

— Comment? — dit Charles.

— Mais, — ajouta Lucien, — la saisie
n'est-elle pas faite en leur nom?

— Non, — monsieur.

— Cependant, ce billet dont vous parliez?

— Est effectivement à l'ordre de MM. Hermann, Crœmer et compagnie, mais...

— Mais, quoi?

— Ces messieurs ne sont plus possesseurs
de la créance.

— Comment?

— Ils l'ont vendue.

— Ils ont vendu ce billet ?

— Oui, messieurs.

— Et à qui ?

— A mon client.

— Celui au nom de qui vous saisissez ?

— Précisément.

— Et ce client, c'est ?

— M. Raymond.

Lucien et Charles se regardèrent avec stu-
péfaction.

— M. Raymond ! — dit Charles.

— M. Raymond ! — répéta Lucien.

— Lui-même, — dit l'huissier..

— Et c'est en son nom alors que vous agissez?

— C'est en son nom.

— Et dès lors vous ne pouvez accepter aucun arrangement ?

— Aucun.

— Vous avez reçu l'ordre formel d'agir ainsi? — dit Lucien.

— Oui, monsieur.

— Et c'est M. Raymond qui vous a donné, — personnellement, — cet ordre? — demanda Charles.

— Lui-même ! — dit M⁰ Lefranc.

Les deux amis se regardèrent pour la troisième fois.

— C'est bien, monsieur, — dit Lucien, — nous vous demandons pardon de vous avoir interrompu. Poursuivez votre travail...

Et prenant Charles par le bras, — Lucien l'entraîna.

— Six fauteuils, — damas de soie, — bois doré, — reprit M⁰ Lefranc en s'adressant à son clerc.

Blondot se pencha aussitôt sur la table et se remit à écrire.

Lucien et Charles se dirigeaient vers la salle à manger.

— Ce Raymond est décidément une vipère! — dit Charles.

Lucien ne répondit pas tout d'abord, — mais arrêtant brusquement son ami :

— Tires-tu toujours bien le pistolet? — lui dit-il tout à coup.

V

La saisie.

A la question de Lucien, Charles avait regardé son ami avec étonnement.

— Tu me demandes si je tire toujours bien le pistolet? — dit-il.

— Oui, — répondit Lucien.

— Pourquoi ?

— Réponds d'abord, — je m'expliquerai ensuite.

— Mais, — fit Charles, — je crois être toujours à peu près de la même force.

— C'est que tu étais d'une force réellement extraordinaire.

— Eh bien ?

— Fais-tu toujours mouche sur mouche ?

— Huit fois sur dix. Je tiendrai le pari tant que l'on voudra.

— Très-bien !

— Mais...

— Attends donc ! — interrompit Lucien, — si tu es de première force le pistolet au poing, — tu sais qu'à l'épée, — je crains peu de gens.

— Je t'ai vu faire jeu égal avec Justin Gras en personne.

— Et Justin est la plus fine lame que je connaisse, — après Bertrand.

— Eh bien?

— Dame! si tu avais un duel au pistolet et que tu voulusses tuer ton homme...

— Je le tuerais très-certainement, — dit Charles.

— Et si j'avais, — moi, — un duel à l'épée...

— Je plaindrais d'avance ton adversaire.

— Parfait !

— Mais pourquoi dis-tu cela ?

— Pour te faire une question.

— Laquelle ?

Lucien allait parler, mais en ce moment de bruyants éclats de rire retentirent dans la salle à manger et M⁰ Lefranc, — continuant son inventaire, — se rapprocha des deux jeunes gens.

Charles attendait toujours.

— Allons retrouver nos amis, — dit Lucien, — je te communiquerai mon idée plus tard.

Et il ouvrit la porte de la pièce dans laquelle Georges et les convives des deux sexes avaient repris joyeusement le repas interrompu.

Charles passa le premier, — Lucien le suivit, — mais tous deux s'arrêtèrent, — obéissant à un même sentiment.

Le spectacle de cette orgie dans la salle à manger, en contraste avec la saisie opérée en même temps dans le salon, offrait à l'esprit quelque chose de trop effroyablement triste et de trop cruellement réel, pour que nous ayons besoin d'expliquer le sentiment qui venait d'arrêter sur place Charles et son ami.

La misère qui allait succéder à ce banquet splendide, — ce jeune homme, — possesscur une heure plus tôt de toutes ces merveilleuses richesses, — et qui, — dans quelques minutes, — n'allait même plus avoir le droit de se servir des objets les plus simples de son mobilier, — cette agonie enfin d'une fortune jadis brillante, impressionnait vivement les deux jeunes gens — sans cependant émouvoir en aucune façon tous les autres convives, — hommes au cœur vide et au corps usé.

Était-ce défaut d'intelligence, ou manque complet de sentiment généreux?

Était-ce indifférence philosophique?

Était-ce stoïcisme causé par la réflexion qu'une même chose pouvait leur arriver dans l'avenir?

Toujours est-il qu'aucune marque de douleur sympathique n'était offerte au vicomte, et que sans plus s'inquiéter de la façon dont il allait vivre, tous les invités avaient répondu à l'annonce de son départ par un toast qui lui souhaitait un heureux retour.

Encore était-ce plutôt une occasion de boire et de faire du bruit, qu'un souhait cordial porté par l'amitié.

Georges, — qui buvait coup sur coup et qui mélangeait volontairement les vins dans l'espoir sans doute d'arriver à l'ivresse, — Georges continuait à exciter le vacarme.

Aussi la voix de M⁰ Lefranc, complètement étouffée, n'arrivait-elle plus jusqu'à la salle à manger.

Charles et Lucien furent salués par les acclamations des buveurs.

Georges, — lui-même, — qui paraissait s'exalter de minute en minute, — courut à eux et les contraignit à venir reprendre, — à table, — la place qu'ils avaient abandonnée.

— Buvons ! — s'écria le vicomte.

— Buvons ! — répétèrent les convives.

Et hommes et femmes choquèrent encore leurs verres.

En ce moment, et au milieu du plus violent tumulte, — des cris les plus formidables, — des vociférations les plus inouïes, — au moment enfin où l'orgie atteignait son paroxysme, — la porte du salon s'ouvrit doucement et laissa pénétrer dans la salle, l'huissier, le clerc et le témoin.

— Nous avons terminé dans les autres pièces, — dit M° Lefranc au milieu du hourra général qui accueillit son entrée. — Il ne nous reste plus qu'à procéder dans celle-ci.

— Eh bien ! procédez, respectable officier public, — répondit Laubespin, — procédez, nous ne bougerons pas.

— Asseyez-vous dans un coin, Blondot, — dit l'huissier à son clerc.

— A la santé des huissiers ! — hurla Max Dorcy, en essayant de se lever.

— A la santé des clercs ! — s'écria de son côté un autre convive.

— Il est clair que monsieur l'est, — ajouta Gaston en souriant lui-même à ce jeu de mot éminemment spirituel.

— A la porte les calembourgs ! — cria Georges.

— Messieurs, un peu de silence ! — demandait Me Lefranc.

— Silence ! — répéta Georges. — Laissez procéder monsieur.

— Saisissez, — dit Laubespin ; — mais que cette saisie ne comprenne pas ces dames, sans cela elles le seraient d'effroi.

— Tiens ! c'est amusant une saisie au milieu d'une noce ! — ajouta une femme.

— D'autant plus que cela fait : saisie noçant (*ces innocents*) !

Un hourra d'indignation s'éleva de toutes parts, tandis que l'huissier commençait à dicter l'inventaire.

— Six grands plats en argent enrichis d'armes gravées, — dit-il à haute voix.

Le regard de Georges se fixa malgré lui

et s'arrêta sur la vaisselle plate qui resplendissait dans les dressoirs.

— L'argenterie de famille! — murmura-t-il, — Et tout aussitôt, il tomba dans une rêverie profonde.

Ces plats étincelants qu'il ne quittait pas des yeux, lui rappelaient ses années de jeunesse.

Il se voyait transporté dans ce vieux château situé sur les bords de la Loire, où il avait grandi entouré des soins de sa mère et de l'amour de son père.

Il se rappelait ces grandes parties de chasse de l'automne, — à l'occasion des-

quelles on dressait sur la table cette argenterie massive.

Il se souvenait de sa joie d'enfant, — en
voyant se refléter, — sur la nappe blanche,
— les rayons lumineux des bougies.

Puis, — ses souvenirs marchant dans le
passé en s'avançant rapidement vers le présent, — il voyait son père, — vieillard à la
chevelure argentée, — s'efforçant de le pré-
munir contre tous ces piéges tendus sous les
pas de la jeunesse et dans lesquels il avait
donné presque volontairement.

Une larme obscurcit ses yeux.

— Oh ! — pensa-t-il, — j'espère que de

là-haut on ne voit pas ce qui se passe sur la terre !

— Onze gobelets en argent également ornés d'armoiries, — continuait l'huissier.

— Tiens ! — murmura Georges. — Je croyais qu'il y en avait douze.

Puis une pensée rapide sillonna son front et éclaira son visage.

Il se leva vivement et courut vers l'huissier.

— Monsieur, — lui dit-il, — est-ce que je ne pourrais pas conserver l'un de ces gobelets ?

—Non, monsieur, — répondit M° Lefranc,

— Mais puisque j'abandonne tout le reste.

— Si vous payez, — comme je le désire, — monsieur, — vous resterez en possession de toutes ces choses dont je ne fais que l'inventaire.

Georges secoua la tête.

— Je ne pourrai jamais payer, — dit-il, — et je n'y songe même pas. — Je dois près de cent mille francs et mon mobilier est tout ce que je possède.

— Alors, — monsieur, — il faut vous résigner. — Tout sera vendu dans quelques jours.

— Mais cependant la loi ne me permet-elle pas de garder quelque chose ?

— Sans doute. — Le Code est précis à cet égard.

Titre VIII, article 592 :

« *Ne pourront être saisis : le coucher des* « *enfants, celui des saisis, les habits dont ils* « *sont vêtus, les livres relatifs à la profession* « *du saisi, les machines et instruments ser-* « *vant à l'enseignement, et cœtera...*

— Alors mon lit est à moi ? — interrompit le vicomte.

— Oui, monsieur..

— Eh bien ! je vous l'échange contre l'un de ces gobelets.

— Je ne puis transiger avec la loi, —
monsieur, — répondit M⁰ Lefranc. — Je le
regrette, mais ce que vous me demandez est
impossible.

— C'est bien, monsieur, — dit Georges.

Le vicomte regagna sa place au milieu du
tumulte général qui, — loin de diminuer,
— augmentait sans cesse.

— Ainsi, — pensa-t-il en retombant sur
son siége, — je n'aurai même pu conserver
le gobelet dans lequel a bu ma pauvre mère !
— Allons ! tout est dit.

Et, — se relevant avec vivacité, — il

avala successivement trois verres de champagne frappé, car la gorge lui brûlait.

— Mes amis! — s'écria-t-il d'une voix tonnante, — laissons ces messieurs terminer leur opération sans nous. — Les calèches sont en bas. — N'oubliez pas que nous enterrons ma défunte fortune dans les bois de Ville-d'Avray!

— En route! — répondirent les convives qui se levèrent pêle-mêle en cherchant à se raffermir sur leurs jambes.

— Six candélabres en argent! — dit M° Lefranc, dont la voix poursuivit Georges jusqu'au fond de la chambre à coucher dans laquelle il venait d'entrer.

Georges, — après s'être assuré qu'il était seul, —ferma la porte, — poussa les verroux et courut au lit dont il souleva le couvre-pieds de velours violet à crépines d'argent.

Il en retira d'abord le portrait qu'il mit dans la poche de son habit, puis, — ouvrant la boîte dont nous avons parlé, — il y prit un magnifique pistolet à canon rayé et à crosse de vermeil.

Il passa la baguette dans le canon pour s'assurer qu'il était chargé, visita la capsule qui coiffait la cheminée, et, — certain que cette capsule était bonne, — il abaissa le chien avec précaution, et plaça le pistolet désarmé dans la même poche que celle où il avait déjà enfoui le portrait.

—J'ai des cartes sur moi? — se demanda-t-il en ouvrant un portefeuille délicieusement brodé, — Oui. — Maintenant, je n'ai plus rien à faire ici.

Et, quittant la chambre à coucher, il s'apprêta à aller retrouver ses amis qui descendaient déjà l'escalier en chantant.

FIN DU TROISIÈME VOLUME.

TABLE

DU TROISIÈME VOLUME.

Sceaux, imprimerie de E. Dépée.